Jochen Mayerl · Dieter Urban

Antwortreaktionszeiten in Survey-Analysen

Jochen Mayerl · Dieter Urban

Antwort-reaktionszeiten in Survey-Analysen

Messung, Auswertung
und Anwendungen

VS VERLAG FÜR SOZIALWISSENSCHAFTEN

Bibliografische Information der Deutschen Nationalbibliothek
Die Deutsche Nationalbibliothek verzeichnet diese Publikation in der
Deutschen Nationalbibliografie; detaillierte bibliografische Daten sind im Internet über
<http://dnb.d-nb.de> abrufbar.

1. Auflage 2008

Alle Rechte vorbehalten
© VS Verlag für Sozialwissenschaften | GWV Fachverlage GmbH, Wiesbaden 2008
Lektorat: Frank Engelhardt

VS Verlag für Sozialwissenschaften ist Teil der Fachverlagsgruppe
Springer Science+Business Media.
www.vs-verlag.de

Das Werk einschließlich aller seiner Teile ist urheberrechtlich geschützt. Jede Verwertung außerhalb der engen Grenzen des Urheberrechtsgesetzes ist ohne Zustimmung des Verlags unzulässig und strafbar. Das gilt insbesondere für Vervielfältigungen, Übersetzungen, Mikroverfilmungen und die Einspeicherung und Verarbeitung in elektronischen Systemen.

Die Wiedergabe von Gebrauchsnamen, Handelsnamen, Warenbezeichnungen usw. in diesem Werk berechtigt auch ohne besondere Kennzeichnung nicht zu der Annahme, dass solche Namen im Sinne der Warenzeichen- und Markenschutz-Gesetzgebung als frei zu betrachten wären und daher von jedermann benutzt werden dürften.

Umschlaggestaltung: KünkelLopka Medienentwicklung, Heidelberg
Druck und buchbinderische Verarbeitung: Krips b.v., Meppel
Gedruckt auf säurefreiem und chlorfrei gebleichtem Papier
Printed in the Netherlands

ISBN 978-3-531-16175-4

Inhalt

I Einführung 7

II Antwortreaktionszeitmessung in Survey-Studien 11

    II.1   Techniken zur Erhebung von Reaktionszeiten in
computergestützten Surveys 11

    II.2   Einsatzmöglichkeiten und Interpretationsvarianten
von Reaktionszeitmessugen 17

    II.3   Bestimmungsfaktoren und Störeffekte von
Reaktionszeiten 30

III Kontrolle von Störeffekten und Datenbehandlung 51

    III.1   Methodische Kontrolle von Störeffekten durch das
Erhebungsdesign 51

    III.2   Statistische Verfahren zur Behandlung von
Reaktionszeitdaten 57
    III.2.1   Identifikation ungültiger Messwerte 58
    III.2.2   Kontrolle der individuellen Basisgeschwindigkeit 63
    III.2.2.1   Berechnung von Basisgeschwindigkeiten 63
    III.2.2.2   Konstruktion und Analyse von Latenzzeitmaßen 71
    III.2.3   Verteilungsprobleme, Aggregation und Indexbildung 82
    III.2.4   Empfehlungen zur Datenbehandlung 85

IV	**Empirische Anwendungen** 89	
	IV.1	Moderation von Response-Effekten 89
	IV.2	Moderation der Einflussstärke sozialer Urteile 98
	IV.3	Moderation der temporalen Stabilität von Einstellungen 113
	IV.3.1	Modellierung mit aktiven Reaktionszeiten 115
	IV.3.2	Modellierung mit passiven Reaktionszeiten 120

V	**Resümee** 123

Literaturverzeichnis 125

I   Einführung[1]

Computergestützte Umfragetechniken gehören in der empirischen Sozialforschung längst zum Standard der Erhebungspraxis. Insbesondere bei telefonischen Bevölkerungsumfragen werden sie generell eingesetzt. Umso überraschender ist es, dass eine Möglichkeit, welche die computergestützte Methodik zur Verbesserung der Qualität von Umfragedaten anbietet, bislang noch relativ unbeachtet geblieben ist: Die computergestützte Umfragetechnik erlaubt es nämlich, die Antwortzeiten von Befragten teil- oder vollautomatisiert zu messen und für die spätere Datenanalyse zu nutzen. Somit können nun auch in Surveys mit großen Fallzahlen anspruchsvolle Reaktionszeitanalysen durchgeführt werden, die bereits seit Ende des 19. Jahrhunderts in (sozial-) psychologischen Laborexperimenten anzutreffen sind (vgl. Bassili 2000; Faust et al. 1999).

Generell betrachtet gibt die Messung von Antwortreaktionszeiten wichtige Hinweise auf diejenigen kognitiven Mechanismen, die bei Respondenten zur Beantwortung von Survey-Fragen führen. Hierzu zählt das Frageverständnis sowie der zur Urteilsbildung aufgewendete Elaborationsgrad, aber auch die kognitive Zugänglichkeit bzw. Verankerung (und damit die „Stärke") von sozialen Urteilen wie Einstellungen oder Verhaltensintentionen. Letztlich kann durch Berücksichtigung von Antwortreaktionszeiten die Erklärungs- und Vorhersagekraft vieler Modelle der Sozialwissenschaften (wie z.B. Einstellung-Verhaltensmodelle) sowohl in statistischer als auch in substanzieller Hinsicht erhöht werden. Und es können auch viele, ganz praktische Probleme der Survey-Forschung, wie z.B. die Identifikation von Response-Effekten, die immer wieder zur Verzerrung von Umfrageergebnissen führen, auf neuartige Weise angegangen werden.

Ein wesentlicher Vorteil von Antwortreaktionszeitmessungen gegenüber anderen, direkt-adressierten Fragetechniken ist, dass es sich dabei um ein nichtreaktives Messverfahren handelt und die befragten Personen folglich nicht auf die Messung bewusst-intendiert einwirken können. Auch spricht für Reaktionszeitmessungen, dass Befragte nur in Ausnahmefällen korrekte subjektive Ein-

---

[1] Aus Gründen der sprachlichen Vereinfachung wird in diesem Skript ausschließlich die maskuline Begriffsform verwendet. Die feminine Form gilt dabei stets als mit eingeschlossen.

schätzungen über ihre eigenen, mentalen Prozesse abgeben können, was die üblicherweise dazu benutzten Selbstreportfragen eher problematisch erscheinen lässt (Bassili 1996a). In solchen Survey-Erhebungen, in denen Selbstreportfragen zur Erhebung mentaler Zustandsbeschreibungen oftmals keine validen Ergebnisse liefern können, eröffnet die Messung von Antwortreaktionszeiten einen Zugang zu latenten mentalen Prozessen ohne zusätzlichen Befragungsaufwand – und das zu jedem Frage-Item. Die damit gegebenen Möglichkeiten, nichtreaktive Messungen zur Klassifikation kognitiver Prozesse des Antwortverhaltens durchzuführen und diese in der anschließenden Datenanalyse zur Erhöhung von Messvaliditäten und modellbezogenen Erklärungsleistungen einzusetzen, sind im Bereich computergestützter Bevölkerungsumfragungen konkurrenzlos: „There simply isn't much else that can be measured" (Pachella 1974: 43).

Das vorliegende Buch stellt diese innovative Weiterentwicklung der computergestützten Umfragemethodik im Detail vor. Es beschäftigt sich aber auch mit Problemen dieser Technik, wie z.B. der Störanfälligkeit von Reaktionszeitmessungen, die ganz besondere statistisch-methodische Analyseschritte erforderlich machen. Denn ohne die zielgerichtete Datenbehandlung von „rohen" Reaktionszeiten und ohne die Erstellung fehlerbereinigter Latenzzeiten ist eine substanzielle Analyse und Interpretation von Reaktionszeiten nicht möglich. Ansonsten ergäben sich schnell verzerrte und artifizielle Ergebnisse. Das Buch beabsichtigt deshalb auch, neben der notwendigen Klärung konzeptioneller bzw. grundsätzlicher Fragen, ein Handbuch des „Wie und Warum von Antwortreaktionszeitmessungen in Surveys" zur praktischen Messung *und* Datenbehandlung von Reaktionszeiten zu sein.

Typischerweise wird die Antwortreaktionszeit als das Zeitintervall zwischen der Präsentation eines Fragestimulus und der Initialisierung der Reaktion einer Person auf diesen Stimulus definiert. Dabei ist der exakte Beginn der Stimuluspräsentation nicht immer leicht zu bestimmen. Wird z.B. die Reaktionszeit auf ein Frage-Item gemessen, so benötigt die Präsentation des Stimulus selbst einige Zeit zum (Vor-)Lesen, und manche Befragte antworten dann schon während der Fragepräsentation, indem sie von einem Teil der Frage auf die gesamte Frage schließen. Gerade in der Surveyforschung ist es deshalb sinnvoll, nicht den Beginn der Stimuluspräsentation, sondern das Ende der Stimuluspräsentation als Beginn der Zeitmessung mentaler Verarbeitungsprozesse zu definieren und voreilige Antworten als ungültige Zeitmessungen zu bestimmen.

Ähnliche Probleme ergeben sich auch für die exakte Bestimmung der Initialisierung der Antwortreaktion, wenn Befragte z.B. die Antwort in einem längeren

Satz äußern, der von einem lauten Nachdenken „fließend" in die tatsächliche Antwort übergeht.

Neben diesen Messproblemen gibt es eine Vielzahl potentieller Störeinflüsse, die eine adäquate Interpretation von Reaktionszeitmessungen erschweren. Fazio stellte dazu einmal treffend fest: „There may be nothing scientifically less meaningful than the simple observation that subjects respond in x milliseconds." (Fazio 1990b: 89). Zu den Faktoren, die den Umgang mit Reaktionszeiten erschweren, gehört insbesondere die von Person zu Person variierende, individuelle Basisgeschwindigkeit des Antwortverhaltens (zu definieren als die personenbezogene, generelle Geschwindigkeit der Beantwortung von Survey-Fragen unabhängig von deren Inhalten). Ohne die Kontrolle der individuellen Basisgeschwindigkeit ist eine angemessene Interpretation und ein interindividueller Vergleich von Reaktionszeiten nicht möglich.

Die folgenden Ausführungen gliedern sich in drei Teile:

Im Kapitel „Antwortreaktionszeitmessung in Surveys" (Kapitel II) wird die Thematik der Reaktionszeitmessung grundlegend vorgestellt. Dazu gehören auch anwendungsbezogene Ausführungen zur Messung von Antwortreaktionszeiten in computergestützten Surveys (II.1). Zudem werden zur Beantwortung der „Warum"-Frage einige Erläuterungen zu den Zielsetzungen, Einsatzmöglichkeiten und Interpretationsvarianten von Reaktionszeitmessungen gegeben (II.2). Hinzu kommen grundlegende Informationen über Störeffekte und Fehlinterpretationen von Reaktionszeitmessungen, die auf die Notwendigkeit einer statistischen Datenbehandlung roher Reaktionszeitmessungen aufmerksam machen sollen (II.3).

Im Kapitel III werden methodische (III.1) und statistische (III.2) Verfahren zur ausführlichen Behandlung der „Wie"-Frage vorgestellt. Vor allem soll gezeigt werden, wie die wichtigsten Störeffekte von Reaktionszeitmessungen kontrolliert werden können. Dazu gehört die Identifikation ungültiger Reaktionszeitmessungen und auch die allgemeine Bereinigung „roher" Reaktionszeiten um die individuelle Basisgeschwindigkeit eines jeden Befragten. Zudem werden unterschiedliche Möglichkeiten der Transformation „roher" Reaktionszeiten in bereinigte Latenzzeiten vorgestellt und es werden unterschiedliche Operationalisierungsmöglichkeiten der individuellen Basisgeschwindigkeiten erläutert. Zum Abschluss werden sehr konkrete Empfehlungen zur Datenbehandlung von Reaktionszeitmessungen gegeben.

Das Kapitel IV berichtet über einige empirische Anwendungsbeispiele zur Messung und Analyse von Antwortreaktionszeitmessungen. In diesem Kapitel sollen die Nützlichkeit und Durchführbarkeit von latenzzeitbasierten empirischen Analysen demonstriert werden. Dazu werden z.b. Analysen zur statistischen Erklärung und Identifikation von verzerrenden Response-Effekten (wie Fragereihenfolgeeffekte oder Zustimmungstendenzen) vorgestellt (IV.1). Zudem werden im Rahmen von Fragestellungen aus der theoretisch orientierten Einstellungsforschung latenzzeitbasierte Verbesserungsmöglichkeiten für die statistische Erklärungskraft von Einstellung-Verhaltensmodellen (IV.2) und die Analyse der temporalen Stabilität sozialer Urteile (wie z.B. Einstellungen) (IV.3) erläutert.

Die in diesem Buch vorgestellten Untersuchungen entstanden im Zusammenhang mit dem DFG-geförderten Forschungsprojekt „Antwortreaktionszeitmessungen in der Surveyforschung und die kognitive Analyse von Einstellungen und Prozessen der Informationsverarbeitung" am Institut für Sozialwissenschaften der Universität Stuttgart unter der Leitung von Prof. Dr. Dieter Urban und der Mitwirkung von Jochen Mayerl und Piet Sellke. Für dieses Projekt wurde im Jahr 2005 eine deutschlandweite computergetützte telefonische Befragung von 2002 Befragten mit Zufallsstichprobenziehung und Antwortreaktionszeitmessungen durchgeführt. Thematisch wurden darin Einstellungs-Verhaltens-Beziehungen im Bereich des personalen, freiwilligen Geldspendeverhaltens und des gesundheitsbewussten Ernährungsverhaltens behandelt. Die Datenerhebung erfolgte in zwei Panel-Wellen, wobei in der ca. 35-minütigen ersten Befragungswelle unter anderem Einstellungen und Intentionen abgefragt wurden, und in der ca. 5-minütigen zweiten Befragungswelle (mit 1580 Befragten) tatsächliches Verhalten erhoben wurde sowie eine wiederholte Messung einiger Verhaltenseinstellungen erfolgte. Die meisten der nachfolgenden Analysen beziehen sich, soweit nicht anderweitig kenntlich gemacht, auf die erste Erhebungswelle.

II Antwortreaktionszeitmessung in Survey-Studien

II.1 Techniken zur Erhebung von Reaktionszeiten in computergestützten Surveys

Die Entwicklung computergestützter Umfragetechniken und die Ergebnisse der Forschergruppe um John Bassili (z.B. Bassili 1993, 1995, 1996a, 1996b; Bassili/Fletcher 1991) ermöglichen Antwortreaktionszeitmessungen auch in Bevölkerungsumfragen mit großen Fallzahlen. Zu unterscheiden sind dabei aktive von passiven Reaktionszeitmessungen sowie unterschiedliche Erhebungsverfahren (CATI: „computer assisted telephone interviewing", CAPI: „computer assisted personal interviewing" und CASI: „computer assisted self interviewing"). Dies soll im Folgenden erläutert werden.

(1) Bei der *aktiven* computergestützten Antwortreaktionszeitmessung, die den Standard bei CATI- und CAPI-Studien darstellt, wird die Reaktionszeitmessung pro Frage halb-automatisch durch die Interviewer gesteuert. Dabei wird jede Frage bzw. jedes Frage-Item über vier Bildschirme umgesetzt (vgl. nachfolgende Abbildung 1). Zunächst wird entsprechend der Anzeige in Bildschirm 1 die Antwortskala und anschließend die Frage vorgelesen. Sobald die Frage vorgelesen ist, betätigt der Interviewer eine Taste. Damit wird Schirm 2 angezeigt und gleichzeitig die aktive Zeitmessung aktiviert. Antwortet der Befragte substanziell auf der vorgegebenen Antwortskala, so drückt der Interviewer wiederum eine Taste, worauf die aktive Zeitmessung stoppt und der Schirm 3 erscheint, auf dem der Interviewer die Antwort des Befragten eingibt. Mit dem letzten Schirm 4 wird dann der Interviewer dazu angehalten, die aktive Zeitmessung zu validieren. Dabei soll er Zeitmessungen als ungültig bewerten, bei denen ein oder mehrere Messfehler entstanden sind (zu sog. Zeitvalidierungsangaben vgl. z.B. Grant et al. 2000). Zu solchen Messfehlern gehört u.a. ein zu frühes oder zu spätes Starten oder Stoppen der Zeitmessung sowie ein Hin- und Herspringen zwischen einzelnen Fragen als Reaktion auf Rückfragen des Respondenten. Als ungültig gelten aber auch Zeitmessungen, bei denen die Befragten selbst die Messfehler verursachen (z.B. wenn die Respondenten noch während der Verlesung von Fragen mit ihrer Antwort starten, wenn sie Rückfragen stellen, wenn sie falsche Antwortskalen verwenden, wenn sie ihrer Antwort längere Bemerkungen vorausschicken,

die nicht als ein lautes Nachdenken gewertet werden können, oder wenn sie bei ihren Antworten durch externe Einflüsse gestört werden).

In der Erhebungspraxis wird die Zahl der Bewertungskategorien für die Interviewvalidierung häufig auf wenige Kategorien beschränkt, um so den dafür notwendigen, zeitlichen Aufwand so gering wie möglich zu halten. Wir empfehlen (und haben damit gute Erfahrungen gemacht), die Bewertung mit drei Kategorien durchzuführen: „gültige Zeitmessung", „Interviewer-Fehler" und „Befragten-Fehler". Mit dieser Kategorisierung wurden in unserer Studie (vgl. Kapitel I) insgesamt 89% aller Zeitmessungen als gültige Zeitmessungen eingestuft. Nur 2% aller Interviews wiesen „Interviewer-Fehler" auf, und in 9% aller Interviews wurden „Befragten-Fehler" registriert.

Für die insgesamt 144 Fragen unserer Studie, bei denen Antwortreaktionszeitmessungen vorgenommen wurden (in der ersten Erhebungswelle), betrug die durchschnittliche Gesamtdauer der Befragung pro Interview 30,23 Minuten, sodass jede Frage durchschnittlich 12,5 Sekunden Befragungszeit benötigte. Von diesen 12,5 Sekunden fielen durchschnittlich 7,8 Sekunden auf die Präsentation der Frage und der Antwortkategorien (62,4%), 2,6 Sekunden auf die Antwortzeit (20,8%), 1,5 Sekunden auf die Eingabe der Antwort (12%) sowie 0,6 Sekunden auf die Zeitvalidierungsangabe zur Gültigkeit der Reaktionszeitmessung (4,8%). Somit wird mit der Validierungsangabe die Interview-*Gesamtdauer* im Durchschnitt lediglich um 81 Sekunden verlängert. Es kann also hier mit guten Gründen behauptet werden, dass der Zugewinn an Datenqualität bei einer Erhebung mit Zeitvalidierungsangaben deutlich über den Kosten für den (minimalen) zusätzlichen Zeitaufwand liegen dürfte.

Die Verzerrung der Reaktionszeitmessung beim manuell ausgelösten Start der aktiven Messung ist relativ gering, da sich die Interviewer auf den Tastendruck während des Vorlesens der Frage vorbereiten können. Größere Verzerrungen treten jedoch beim manuell ausgelösten Stopp der Reaktionszeit aus, der immer in dem Augenblick vorzunehmen ist, wenn ein Befragter mit der Beantwortung der Frage beginnt. Bassili berichtet, dass die durchschnittliche Verzögerung in Abweichung von einem eigentlich schon früher notwendig gewordenen Stopp der Messung ca. 400 ms beträgt (Bassili 1996b). Diese durchschnittliche Verzögerungszeit variiert zwischen den Interviewern in typischer Weise. Bei manchen Interviewern ist sie durchgängig kürzer und bei manchen länger. Deshalb muss die Verzögerungszeit bei der Analyse von Befragten-Reaktionszeiten angemessen berücksichtigt werden, z.B. in Form einer Basisgeschwindigkeitsbereinigung (vgl. dazu Abschnitt III.2).

Abbildung 1: Die vier CATI-/CAPI-Bildschirme pro Frage-Item bei Reaktionszeitmessung mit Interviewer-Validierung

```
SCHIRM 1 „Frage vorlesen und Zeitmessung aktivieren"

**Interviewer-Anweisung: LEERTASTE/ENTER drücken, sobald das letzte
Wort der Frage vorgelesen ist (startet die Zeitmessung)

** FRAGE **

<1> Leertaste/Enter drücken zum Start der Zeitmessung
```
```
SCHIRM 2 „Stopp der Zeitmessung"

<1> Leertaste/Enter drücken, sobald der Befragte anfängt zu antworten
```
```
SCHIRM 3 „Eingabe der Antwort"

**Interviewer-Anweisung: Die Frage nur bei Rückfrage durch den Befragten wiederholen

** ITEM-SPEZIFISCHE ANTWORTKATEGORIEN **
```
```
SCHIRM 4 „Validierung der Zeitmessung"

**Interviewer-Anweisung: Bitte die entsprechende Antwortvorgabe
auswählen

<1> Die Zeitmessung war gültig

<2> Interviewer-Fehler (z.B. Fehler beim Start/Stopp der Zeitmessung, zwischen Fragen hin- und hergesprungen)

<3> Befragten-Fehler (z.B. zu früh geantwortet, Rückfrage, falsche
Antwortskala, Bemerkungen, Abgelenktheit)
```

(2) Eine zweite Variante der Reaktionszeitmessung ist die Messung mittels einer sog. „voice-key"-Apparatur, die mit dem Telefonsystem des Interviewers verbunden ist (Bassili 1996b). Dabei wird nach dem Verlesen einer Frage die Zeitmessung durch den Interviewer manuell aktiviert. Die Zeitmessung läuft dann so lange, bis eine bestimmte, durch den voice-key gemessene Dezibel-Lautstärke der akustischen Äußerungen des Befragten erreicht wird – was im Idealfall der Beginn einer Antwort ist, genauso gut aber auch ein Husten, Niesen oder Räuspern sein kann. Dementsprechend sind nach Bassili (1996b) aufgrund von Störgeräuschen oder durch zu leises Sprechen 32% aller voice-key Messungen invalide, und weitere 13% werden durch Rückfragen der Befragten ungültig gemacht. Bassili (1996b) berichtet über einen Anteil von nur ca. 60% gültiger Messungen

bei Einsatz der voice-key-Methode gegenüber einem Anteil von ca. 90% gültiger Messungen bei Einsatz der aktiven, interviewer-gesteuerten Reaktionszeitmessung.

Zwar sind diejenigen voice-key-Messungen, die als gültig zu betrachten sind, den Messungen durch Interviewer an Genauigkeit überlegen, aber da die voice-key-Messung einen hohen technischen Aufwand für eine geringe Rate an validen Messungen erfordert, wird sie in der Survey-Forschung nur selten eingesetzt. Und auch die hohe (durchschnittliche) Korrelation von r=0,94 zwischen validen Messungen, die entweder aktiv oder nach voice-key-Methode vorgenommen wurden (vgl. Bassili/Fletcher 1991), spricht dafür, in der Forschungspraxis den einfacheren Weg über die aktive, interviewerbasierte Messung zu gehen. So schlussfolgern auch die Autoren der methoden-vergleichenden Studie, dass „[…] adjusted interviewer latencies can be just as powerful … as voice-key latencies." (Bassili/Fletcher 1991: 343). Dementsprechend wenden sich auch beide Forscher in ihren späteren Arbeiten immer mehr von der voice-key Messung ab (auch aufgrund der hohen Kosten und des hohen Aufwands dieser Methode) und verwenden ausschließlich aktive Interviewermessungen (Bassili 2000; Fletcher 2000).

(3) Ein weiteres Verfahren zur Erhebung von Reaktionszeiten in Surveys ist die vollautomatische *passive* Reaktionszeitmessung (auch „latente Reaktionszeitmessung" genannt) (vgl. z.B. Mulligan et al. 2003). Dabei wird die Gesamtzeit der Befragung und Beantwortung für jedes Frage-Item aufgezeichnet. Registriert wird also die Zeit, die zum Vorlesen (CAPI/CATI) bzw. Lesen (CASI) einer Frage benötigt wird, sowie die Reaktionszeit der befragten Person und die eigentliche Antwortzeit bzw. die Zeit zur Speicherung (Eingabe) der geäußerten Antwort. Üblicherweise geschieht dies bei CASI-Studien ohne Interviewer und der Befragte beantwortet im Feld oder im Labor (evtl. in Form einer Online-Befragung) selbst die Fragen am Computer. Die Zeitmessung wird bei der passiven CASI-Reaktionszeitmessung mit dem Erscheinen der Frage auf dem Bildschirm automatisch gestartet und wird erst wieder gestoppt, wenn nach Eingabe einer Antwort dem Respondenten die nächste Frage präsentiert wird.

Grundsätzlich kann die passive Zeitmessung auch bei CAPI- oder CATI-Umfragen mit Interviewern durchgeführt werden, wobei die Zeitmessungen dann ausschließlich automatisch „im Hintergrund" mitlaufen und die Interviewer auf die Durchführung der Messung keinen Einfluss haben. Im Vergleich zu aktiven Messungen ist die passive Messung leichter durchzuführen und etwas kostengünstiger, da die Interviewerschulung weniger aufwändig ist und bei Verzicht auf die Validierungsangabe, wie berichtet, ca. 80 Sekunden bei einer 30-minütigen Interviewlänge eingespart werden können.

Mulligan et al. (2003) stellen empirisch fest, dass passive Reaktionszeiten mit aktiv gemessenen Reaktionszeiten hoch korrelieren (im Durchschnitt mit r=0,74) und kommen bei einer Modellschätzung mit aktiver und passiver Zeitmessung auf inhaltlich identische Ergebnisse. In unseren Analysen liegen die Korrelationen zwischen passiv und aktiv gemessenen Reaktionszeiten (jeweils logarithmiert und bei 144 verschiedenen Fragen) im arithmetischen Mittel bei r=0,65 (alle r`s mit p ≤ 0,01; Standardabweichung: 0,07; Minimum: 0,41; Maximum: 0,75). Dies bestätigt den Befund von Mulligan et al. (2003), nach dem es eine moderate bis starke Korrelation zwischen passiver und aktiver Reaktionszeitmessung gibt.

In der von uns durchgeführten Studie (vgl. Kap. I) lag bei insgesamt 144 Frage-Items mit Reaktionszeitmessung der durchschnittliche Median aller aktiven, unbereinigten Zeitmessungen bei 178,09 Hundertstelsekunden (Standardabweichung: 58,54; Miniumum: 66,00; Maximum: 352,00) und derjenige der passiven Zeitmessungen bei 853,51 Hundertstelsekunden (Standardabweichung: 311,22; Miniumum: 472,50; Maximum: 2587,00). Die mittlere Differenz des Medians von passiven und aktiven Zeitmessungen lag damit bei 675,42 Hundertstelsekunden. Insgesamt wurde demnach ein Zeitanteil von 78,12% der passiven Zeitmessungen nicht durch die aktive Zeitmessung erfasst (Standardabweichung: 6,27%). Demnach enthält die passive Zeitmessung einen beträchtlichen Anteil von Reaktionszeit, der nicht für Prozesse der Urteilsgenerierung bei den Befragten gebraucht wird, sondern der durch den Zeitbedarf für Fragepräsentation und manuelle Antworteingabe entsteht.

Insgesamt betrachtet hat die passive Zeitmessung im Vergleich zur aktiven Zeitmessung mehr Nach- als Vorteile. Denn die passive Messung weist einen deutlich höheren Grad an Messwert-Verzerrung auf und liefert zudem auch keine Validierungsangaben, mit denen die Interviewer die Qualität von Zeitmessungen bewerten können. Sie wird deutlich durch Interviewereffekte beeinflusst (z.B. über die Vorlesegeschwindigkeit und die Geschwindigkeit des Eingebens der Antwort) und ist stärker als die aktive Zeitmessung von Effekten der jeweiligen Frageformulierung betroffen (welche insbesondere von der Fragelänge ausgehen, die natürlich einen Einfluss auf die Dauer der Fragepräsentation hat). Im Unterschied dazu hat die aktive Messung vor allem den Vorteil, dass dort die Interviewer die Kontrollmöglichkeit haben, nur diejenigen Antwortzeiten zu messen, in denen die Befragten die eigentlichen Frage-Inhalte kognitiv prozessieren bzw. sich dazu ein Urteil bilden bzw. ein Urteil abrufen und dieses sodann in eine

Antwort übersetzen, die sie dem Interviewer mitteilen können. Dementsprechend ist für Reaktionszeitmessungen in CATI- und CAPI-Studien die aktive Zeitmessung zu empfehlen (vgl. auch Bassili 2000).

Allerdings zeigen die Ergebnisse von Mulligan et al. (2003) sowie unsere eigenen empirischen Ergebnisse zum Vergleich von aktiver und passiver Zeitmessung (vgl. Abschnitt IV.3) auch, dass eine passive Zeitmessung noch immer besser ist als überhaupt keine Messung von Antwortreaktionszeiten. Wenn keine aktiven Zeitmessungen durchgeführt werden können, sind passive Messungen eine bessere Entscheidung als ein Verzicht auf jedwede Zeitmessung im Forschungsinterview. Denn weil die Interviewgesamtdauer ohnehin in CAPI- und CATI-Interviews erfasst wird, ist dort der zusätzliche Aufwand für eine passive Zeitmessung sehr gering. Es muss lediglich die entsprechende Software so umgeschrieben werden, dass der jeweilige Zeitpunkt, zu dem ein neuer Fragetext dem Interviewer auf dem Bildschirm angezeigt wird, vollautomatisch abgespeichert wird.

Bislang wurden Antwortreaktionszeitmessungen in CATI-Studien hauptsächlich in der angelsächsische Surveyforschung eingesetzt.[2] In CAPI-Designs wurden Reaktionszeitmessungen z.B. von Fazio/Williams (1986) vorgenommen. Zu den wenigen CATI-Studien mit Reaktionszeitmessungen in der deutschsprachigen Sozialforschung gehören die Studien der Autoren des vorliegenden Beitrags (Mayerl 2003, Mayerl/Sellke/Urban 2005; Mayerl/Urban 2007; Urban/Mayerl 2007; Urban/Slaby/Schuhmacher 1999) und einige CAPI-Studien mit Reaktionszeitmessungen mittels Laptop-Einsatz (z.B. Stocké 2002c, 2003, 2006).

Als recht neuer Forschungszweig im Bereich der Reaktionszeitanalyse muss die Messung von Antwortzeiten via Web-Surveys gelten, die einen Spezialfall des CASI-Designs darstellt. Beispielsweise repliziert Heerwegh (2003) in einem Web-Survey die Studie von Bassili/Fletcher (1991) und weist signifikant längere Reaktionszeiten bei Befragten nach, die zwischen zwei Zeitpunkten ihre Einstellung ändern („mover"). Weitere Vorschläge zur internetbasierten Messung von Reaktionszeiten finden sich bei Eichstädt (2002). Die Reaktionszeitmessung in Web-Surveys ist jedoch problematisch. Alle Zeitmessungen sind dort ausschließlich passiv möglich, und das Design ist noch verzerrungsanfälliger als das passive CATI- oder CAPI-Verfahren, da Befragte z.B. während der Zeitmessung den

---

[2] Vgl.: Bassili 1993, 1995, 1996a, 2003; Bassili/Bors 1997; Bassili/Fletcher 1991; Bassili/Krosnick 2000; Bassili/Scott 1996; Fletcher 2000; Grant et al. 2000; Huckfeldt et al. 1998, 1999; Huckfeldt/Sprague 2000; Huckfeldt/Sprague/Levine 2000; Johnson et al. 2002; Lavine et al. 2000; Mulligan et al. 2003; Stein/Johnson 2001.

Raum verlassen können, oder mehrere Programme gleichzeitig bedienen können („multitasking") und dadurch stark von der Forschungsbefragung abgelenkt werden. Für CASI-Studien, die bei Einsatz von Reaktionszeitmessungen vornehmlich als Laborexperimente oder Internetbefragungen durchgeführt werden, schlagen Casey/Tryon (2001) eine sog. „Double-Press"-Methode vor, die der Vorgehensweise bei aktiven Messungen entspricht und zur Unterscheidung zwischen Lesezeit und Entscheidungszeit führen soll. Dabei betätigten die Befragten eine Taste, wenn sie eine Frage gelesen haben (ohne dann schon die möglichen Antwortoptionen zu kennen) und wählen erst in einem zweiten Schritt die von ihnen präferierte Antwortkategorie mittels entsprechenden Tastendruck aus.

II.2 Einsatzmöglichkeiten und Interpretationsvarianten von Reaktionszeitmessungen

Die vielfältigen Möglichkeiten, die der Einsatz von Antwortreaktionszeitmessungen bei der Analyse kognitiver Entscheidungs- und Bewertungsprozesse von befragten Personen eröffnet, zeigt sich auch in der großen Anzahl unterschiedlichster Varianten von Reaktionszeit-Interpretationen, die in der sozialwissenschaftlichen Literatur zu finden sind. Wir wollen im Folgenden drei große Anwendungs- und Interpretationsvarianten von Reaktionszeitanalysen unterscheiden:

1. In der sozialpsychologischen Einstellungsforschung wird seit den 1970er Jahren die Antwortreaktionszeit auf Einstellungsfragen gemessen und als Indikator für die mentale Zugänglichkeit („accessibility") von Einstellungen interpretiert. Die Zugänglichkeit von Einstellungen wird dabei als eine Komponente von Einstellungsstärke verstanden (z.B. Fazio 1986, 1989, 1990a). Es kann aber nicht nur die Zugänglichkeit bzw. Assoziationsstärke von Einstellungen, sondern auch die Zugänglichkeit bzw. Stärke von beliebigen mentalen Objekten über die Messung von Antwortreaktionszeiten ermittelt werden.
2. Antwortreaktionszeiten können zur Analyse von Prozessen der Informationsverarbeitung eingesetzt werden, wenn dort die Länge der Entscheidungszeit oder die Elaboriertheit der Informationsverarbeitung untersucht werden soll.
3. Reaktionszeitmessungen können zur Analyse methodischer Probleme bei Entwurf und Durchführung von Survey-Befragungen (z.B. zur Identifikation von Fragebogeneffekten) benutzt werden.

Alle drei hier genannten Anwendungsbereiche sollen nachfolgend etwas näher vorgestellt werden.

(ad 1) Antwortreaktionszeit als Maß der Zugänglichkeit mentaler Objektbewertungen

Unter der chronischen Zugänglichkeit mentaler Objektbewertungen wird ganz allgemein ihre „readiness to be used in information processing" (Eagly/Chaiken 1993: 131) und „the ease with which information is retrieved" (Shrum/O'Guinn 1993: 440) verstanden.[3] Mit dem Attribut „chronisch" wird dabei betont, dass in der aktuellen Entscheidungssituation die Zugänglichkeit der Objektbewertung nicht rein temporärer Art ist, sondern dass die Zugänglichkeit bereits zuvor bestand und die Objektbewertung fest im kognitiven Assoziationsnetzwerk verankert ist. Die Operationalisierung der chronischen Zugänglichkeit von Einstellungen oder anderen Konstrukten kann sodann über die Messung der Antwortreaktionszeiten von Befragten erfolgen. Dabei ist als Korrespondenzannahme zu akzeptieren, dass je stärker die mentale Assoziation zwischen einem Objekt und dessen Bewertung ist, desto schneller diese Objektbewertung aufgerufen und geäußert werden kann. Zudem gelten die Häufigkeit der Äußerung einer Bewertung und die direkte Erfahrung mit dem zu bewertenden Objekt als wichtige Bestimmungsfaktoren einer chronischen Zugänglichkeit (Fazio 1986, 1990a; Fazio et al. 1982).

Die chronische Zugänglichkeit von Einstellungen wird auch häufig im Zusammenhang mit der „Stärke" einer Einstellung diskutiert (z.B. Krosnick/Petty 1995). Entstanden ist die Diskussion um die Bedeutung der Einstellungsstärke in der Einstellungsforschung in Reaktion auf die mangelnde Konsistenz von Einstellungs-Verhaltens-Relationen, wobei die Einstellungsstärke als potentieller Moderator dieser Relation vermutet wird. Demnach sollte eine „starke" Einstellung eine höhere Persistenz (zeitliche Stabilität) und eine höhere Resistenz aufweisen sowie eine höhere Einflussstärke auf Informationsverarbeitungsprozesse und Verhalten aufweisen als eine „schwache" Einstellung.

---

[3] „Attitude accessibility" wird in der deutschen Literatur häufig auch als Einstellungsverfügbarkeit übersetzt. Da das Konzept der „attitude accessibility" jedoch ausdrücklich von der „attitude availability" unterschieden wird (vgl. Eagly/Chaiken 1993: 131), müssen diese Begriffe auch im Deutschen unterschieden werden: „accessibility" als Zugänglichkeit und „availability" als Verfügbarkeit. Die Verfügbarkeit einer Einstellung meint dabei das bloße Vorhandensein im Gedächtnis, und mit der Zugänglichkeit wird die Leichtigkeit des mentalen Zugriffs bezeichnet.

Zur Operationalisierung der Einstellungsstärke wird und wurde in der Literatur eine Vielzahl von Maßen diskutiert und empirisch getestet. Neben der Antwortzeit als Einstellungszugänglichkeitsmaß zählen hierzu insbesondere:

- das subjektive Wissen über ein entsprechendes Thema bzw. Objekt (z.B. Bassili 1995; Fazio 1995; Krosnick et al. 1993; Urban/Slaby 2002);
- die subjektiv eingeschätzte Wichtigkeit des Themas (z.B. Bassili 1995; Boninger et al. 1995; Krosnick 1988; Krosnick et al. 1993; Prislin 1996);
- die Urteilssicherheit (z.b. Bassili 1993, 1995; Krosnick/Abelson 1991; Stocké 2002c, 2003);
- das subjektives Interesse (z.B. Bassili 1996b; Fazio 1995a; Prislin 1996, Urban/Slaby 2002);
- die Extremität einer Bewertung (z.B. Bassili 1996a; Fazio 1995; Prislin 1996; Urban/Slaby 2002);
- die Ambivalenz einer Bewertung (z.b. Bassili 1995; Brömer 1999; Fazio 1995) von Einstellungen.

Empirische Hauptkomponenten- und explorative Faktorenanalysen zeigen jedoch, dass die Faktorstruktur der Einstellungsstärke empirisch unklar weil uneinheitlich ist, und dass die Einstellungsstärke kein unidimensionales Konstrukt ist (Krosnick et al. 1993). Daher sollten die genannten stärkebezogenen Einstellungseigenschaften nicht als Indikatoren der Einstellungsstärke, sondern eher als eigenständige stärkebezogene Konstrukte betrachtet werden (vgl. hierzu z.B. Krosnick et al. 1993; Visser et al. 2006).

Eine andere analytische Vorgehensweise zur Einstellungsanalyse wählt Bassili (1996a). Er unterscheidet zwei Dimensionen der Einstellungsstärke, wobei diese beiden Dimensionen in erster Linie durch unterschiedliche Messverfahren, d.h. in methodischer Hinsicht, differenziert werden. Unterschieden werden Metaeinstellungsmaße und operative Messverfahren. Die Metaeinstellungsmaße betreffen einstellungsrelevante Selbsteinschätzungen der Befragten (z.B. Sicherheit, Wichtigkeit, Wissen). Die operativen Messverfahren betreffen Reaktionszeiten, Extremität sowie Ambivalenz bei der Einstellungsäußerung.[4] Der Vorteil der operativen Messung ist, dass sie von den Befragten nicht wahrgenommen wird und sich direkt aus dem Prozess des Urteilens ableitet. Dadurch können Verzer-

---

[4] Extremität und Ambivalenz sind dabei "quasi-operativ", da sie auf subjektiven Befragtenurteilen beruhen und daraus operative Maße entwickelt werden (bei Extremität wird dabei die Antwortskala am Mittelpunkt "gefaltet"; bei Ambivalenz werden Angaben zu positiven und negativen Items zu derselben Einstellung in einen Index zusammengeführt, z.B. in Form von der Subtraktion nach dem "Drehen" der negativen Items).

rungen, wie sie bei den Metaeinstellungsmaßen durch die subjektive Selbsteinschätzung der Befragten auftreten, vermieden werden. Allerdings sind die subjektiven Selbsteinschätzungen insbesondere mit dem Problem behaftet, dass diese Angaben nicht in direkter Weise mit dem Einstellungsobjekt verknüpft sind, sondern oftmals über situative Hinweisreize geleitet und dadurch verzerrt werden (Bassili 1996a).

In unseren empirischen Studien (vgl. Kap. I) wurde mittels Analyse von Strukturgleichungsmodellen (SEM-Analysen) die Faktorenstruktur der stärkebezogenen Maße Sicherheit, Wichtigkeit, Interesse, Extremität und Latenzzeit (bereinigte Antwortzeiten) für die beiden Objektbereiche „freiwilliges Geldspenden" und „gesundheitsbewusste Ernährung" untersucht. Dabei zeigte sich ebenfalls, dass die einfaktorielle Lösung empirisch nicht haltbar ist. Stattdessen wurden in beiden Objektbereichen vier Faktoren festgestellt: Latenzzeit (bereinigte Reaktionszeit), Extremität, Sicherheit und ein Meta-Konstrukt bestehend aus Wichtigkeit und Interesse (die Faktoren korrelieren miteinander zwischen $r=0,1$ und $r=0,6$). Dementsprechend konnte auch die von Bassili vorgeschlagene Faktorenstruktur (s.o.) von uns empirisch nicht nachgewiesen werden (Näheres dazu in: Urban/Mayerl/Sellke 2007).

Die Einstellungszugänglichkeit ist in der Einstellungsforschung einer der wenigen Moderatoren der Einstellungs-Verhaltens-Relation, welcher in einen expliziten theoretischen Kontext eingebettet ist. Gemäß des Modells spontanen Prozessierens nach Fazio (1986, 1990a) kommt der Einstellungszugänglichkeit eine zentrale Bedeutung bei der automatischen Aktivierung von Einstellungen zu: Je zugänglicher eine Einstellung ist (in chronischer Weise), desto eher wird die Einstellung auch spontan aktiviert und wird dann auch spontane Wahrnehmungs- und Informationsverarbeitungsprozesse bis hin zur Handlung leiten. Dies gilt gemäß dem MODE-Modell, solange Personen nicht dazu motiviert sind und nicht die Möglichkeit dazu haben, entweder a) Informationen überlegt zu prozessieren, oder b) Einstellungen aktiv zu erinnern, zu generieren und neu zu überdenken, oder c) aktivierte Einstellungen bewusst aufzuheben (Fazio 1990a).

In diesem einstellungstheoretischen Anwendungsfeld können mit Hilfe von Antwortreaktionszeitmessungen (also auch mittels umfangreicher Surveydaten) empirische Studien zur chronischen Zugänglichkeit von Objektbewertungen durchgeführt werden. Neben der Zugänglichkeit von Einstellungen, die im Sinne des klassischen Einstellungskonzepts analysiert wurden (vgl. Bassili/Fletcher 1991; Brömer 1999; Fazio 1989, 1990a), wurden Antwortreaktionszeiten bereits zur Messung der Zugänglichkeit verschiedenster anderer Kognitionen eingesetzt. So wurde u.a. die kognitive Zugänglichkeit folgender Kognitionen untersucht:[5]

- von Vorurteilen (Devine et al. 2002; Neumann/Seibt 2001) und von Stereotypen (Moskowitz et al. 1999);
- von persönlichen Stärken und Schwächen (Dodgson/Wood 1998);
- von Parteiidentifikationen (Grant et al. 2000; Huckfeldt et al. 1999);
- von Beliefs (Ajzen et al. 1995);
- von Präferenzen (Huckfeldt et al. 1998);
- von subjektivem Wissen (Naumann/Richter 2000);
- von Handlungsintentionen (Doll/Ajzen 1992; Goschke/Kuhl 1993; Mayerl/Urban 2007; Urban/Mayerl 2007);
- von wahrgenommener Verhaltenskontrolle (Doll/Ajzen 1992);
- von sozialen Werten (Dehue et al. 1993);
- von Umwelt-Hinweisreizen (Aarts et al. 1999).
- von diversen kognitiven und affektiven Komponenten der Einstellungsbildung (Verplanken et al. 1998).

---

[5] Die Forschergruppe um Greenwald hat mit ihrem sogenannten „Implicit Association Test" (kurz: IAT) eine Diskussion über implizite versus explizite Einstellungen in der sozialpsychologische Forschung ausgelöst. Die Unterscheidung zwischen impliziten und expliziten Einstellungen ist eng mit dem Konzept der Einstellungsstärke und dessen Operationalisierung über Antwortreaktionszeiten verbunden (vgl. Banaji/Greenwald 1995; Greenwald et al. 2002; Greenwald/Farnham 2000; Greenwald/McGhee/ Schwartz 1998). Grundsätzlich soll mit dem IAT die Stärke der mentalen Assoziation von Konzepten gemessen werden, was die prinzipielle Anwendbarkeit des IAT in vielen Bereichen kognitiver Forschung ermöglicht. Bei der Anwendung des IAT in der Einstellungsforschung werden zum einen „explizite Einstellungen" durch das Abfragen von Bewertungen erhoben, sowie zum anderen „implizite Einstellungen" durch die Antwortreaktionszeit ermittelt. Der IAT verläuft dabei in zwei Phasen: (1.) Der Proband muß mehrere Attribute (zumeist Adjektive) per Knopfdruck bewerten, wobei er mit einer Hand immer eine positive und mit der anderen immer eine negative Bewertung auslöst. Diese Prozedur geht so lange, bis der Proband automatisch eine positive bzw. negative Bewertung auf jeweils eine Hand übertragen kann. (2.) In der zweiten Phase hat der Proband verschiedene Einstellungsobjekte zwei vorgegebenen sozialen Kategorien zuordnen, wobei jeweils eine Hand eine bestimmte Kategorienwahl auslöst. Ist die mentale Repräsentation der eingeschätzten Kategorie eng mit derjenigen Bewertung assoziiert, die mit derselben Taste ausgelöst wurde, so wird der Proband *schneller* antworten. Für unsere Beschäftigung mit Reaktionszeitmessungen in Survey-Studien ist der IAT jedoch irrelevant. Denn wie auch schon aufgrund dieser knappen Skizze zu erkennen ist, kann die Methodik des IAT in der Surveyforschung (z.B. CATI) nicht eingesetzt werden.

(ad 2) Antwortreaktionszeit als Indikator für Informationsverarbeitungsprozesse

Neben der Verwendung von Antwortreaktionszeiten zur Messung der chronischen Zugänglichkeit von Einstellungen und diversen anderen mentalen Objekten werden Reaktionszeiten auch für Analysen von Informationsverarbeitungsprozessen während der Befragung von Respondenten in Survey-Studien eingesetzt. Zu den damit verbundenen Themen gehören:

- die generelle kognitive Geschwindigkeit der Informationsverarbeitung (Bassili 1996a; Christensen 2001; Faust et al. 1999; Pachella 1974);
- die kognitive Effizienz sowie die Wahrnehmungs- und Verarbeitungseffizienz (Fazio 1990b; Kail/Salthouse 1994; Pligt et al. 2000; Smith et al. 1996) und damit einhergehende Intelligenzfaktoren (Neubauer et al. 2000; Schweizer/Koch 2002);
- Entscheidungszeiten oder die Zeit des Nachdenkens (Faust et al. 1999; Hertel/Neuhof et al. 2000; Kail/Salthouse 1994; Pachella 1974; Pligt et al. 2000);
- die Konfliktstärke (Diederich 2003);
- die Menge prozessierter Informationen (Bassili/Scott 1996; Faust et al. 1999; Kail/Salthouse 1994; Pachella 1974; Pligt et al. 2000);
- der Grad des kognitiven Aufwandes (Sudman et al. 1996);
- die Herausbildung von online vs. memory-based Urteilen (Hertel/Bless 2000);
- die Zeit zum Erinnern von Informationen (Hunt et al. 1981; Pachella 1974);
- die Informationsinkonsistenz (Page/Herr 2002);
- der sog. „Minority Slowness Effect", der besagt, dass Minderheitenmeinungen langsamer wiedergegeben werden (Bassili 2003);
- die latente Hemmung mentaler Prozesse bei irrelevant vertrauten Reizen (Gibbons/Rammsayer 1999);
- kognitive Lerneffekte bzw. -raten (Mattes et al. 2002; Moore et al. 2002).

Vielen dieser Anwendungen liegt die theoretisch begründete Annahme eines variierenden Grades an Elaboration bzw. eines spontanen oder überlegten Informationsverarbeitungsmodus zugrunde. Diese Annahme spielt eine zentrale Rolle in den sogenannten „dualen Prozessmodellen" der Informationsverarbeitung. Zu diesen Prozessmodellen gehören insbesondere das Elaboration Likelihood Model (ELM, vgl. Petty/Cacioppo 1986), das Heuristic Systematic Model (HSM, vgl. Chen/Chaiken 1999) und das MODE Modell (vgl. Fazio 1990a).

Alle dualen Prozessmodelle unterscheiden zwei verschiedene Verarbeitungsmodi, mit denen bei Einstellungs- und Urteilsbildung die dafür relevanten Informationen kognitiv prozessiert werden, und bestimmen verschiedene Determinanten für die Wahl eines entsprechenden Modus der Informationsverarbeitung. Die Modelle unterscheiden dabei zwischen einerseits einem überlegt-elaborierten, systematischen, bewusst-kontrollierten und intentional gesteuerten Modus der Informationsverarbeitung und andererseits einem automatischen, spontanen, unbewussten und auf einfachen peripheren Heuristiken und situativen Hinweisreizen („cues") basierenden Modus. Als Hauptdeterminanten der Moduswahl werden die Motivation und die Möglichkeit zum elaborierten Prozessieren identifiziert, wobei die Möglichkeit entweder stärker situativ (als „opportunity", vgl. MODE-Modell) oder stärker individuell (als „ability", vgl. HSM und ELM) bestimmt wird.[6]

In empirischen Analysen, die im Kontext der genannten dualen Prozessmodelle durchgeführt werden, wird häufig die Länge von Antwortreaktionszeiten als Indikator für den beobachteten *Modus der Informationsverarbeitung* bzw. als Indikator des Elaborationsgrades eines kognitiven Urteils benutzt (z.B. Baxter/Hinson 2001; Carlston/Skowronski 1986; Gibbons/Rammsayer 1999; Hertel/Neuhof et al. 2000; Sheppard et al. 2000; Urban/Mayerl 2007). Dabei wird davon ausgegangen, dass mit zunehmendem Grad an Elaboration bei sonst konstanten Randbedingungen die Antwortreaktionszeit ansteigt. Kurze bereinigte Reaktionszeiten (Latenzzeiten) indizieren dann einen spontanen Prozessmodus und lange Latenzzeiten einen überlegt-kontrollierten Modus, wobei zur Unterscheidung von langen und kurzen Reaktionszeiten häufig ein Median-Split der empirisch ermittelten Zeiten vorgenommen wird.

Die Operationalisierung des Modus der Informationsverarbeitung mittels Reaktionszeitmessung basiert auf der Annahme, dass ein elaboriert-überlegtes Prozessieren als ein rationaler Prozess der Erinnerung und Abwägung von Einzelinformationen und darauf aufbauend der Generierung eines Bilanzurteils zu verstehen ist (z.B. Fazio 1990a), was mehr Zeit in Anspruch nimmt, als ein vorhandenes Bilanzurteil oder situative Hinweisreize automatisch-unreflektiert zu prozessieren (Areni et al. 1999; Doll/Ajzen 1992; Brömer 1999; Carlston/Skowronski 1986; Gibbons/Rammsayer 1999; Hertel/Bless 2000; Hertel/Neuhof et al. 2000; Ruder 2001; Smith et al. 1996; Tormala/Petty 2001). Eine solche Annahme wird durch empirische Befunde unterstützt, nach denen eine inkonsistente Informati-

---

[6] Natürlich bestehen auch Differenzen zwischen diesen dualen Prozessmodellen (vgl. Chaiken/Trope 1999), die an dieser Stelle jedoch nicht von Bedeutung sind.

onsbasis eine längere Reaktionszeit verursacht (Bassili 1996b; Brömer 1999; Klauer/Musch 1999), und auch die Antwortreaktionszeit mit der Menge verarbeiteter Informationen ansteigt (Bassili/Scott 1996; Houlihan et al. 1994). Demnach kann sowohl die Inkonsistenz als auch die Menge von Informationen nur dann einen Einfluss auf ein Urteil haben, wenn das Urteil auch auf diesen Einzelinformationen basiert und damit überlegt prozessiert wird. Und da diese Eigenschaften der Urteilsbasis zu langen Reaktionszeiten führen, kann Antwortreaktionszeit als Indikator des Grades an Elaboration verstanden werden.

Die Antwortreaktionszeit zu Survey-Fragen kann demnach Aufschluss darüber geben, ob Befragte spontan oder überlegt geantwortet haben. Spontanautomatische Antworten können dabei auf chronisch hoch zugänglichen Urteilen basieren, sodass die Erfassung des Prozessmodus mittels Antwortreaktionszeitmessung auch etwas über die Zugänglichkeit von Einstellungen aussagen kann. Denn kognitiv hoch zugängliche Informationen und Bewertungen werden unter sonst gleichen Bedingungen mit geringerem Elaborationsaufwand kognitiv prozessiert und letztlich mit kürzeren Antwortreaktionszeiten geäußert als niedrig zugängliche Informationen oder Bewertungen. Allerdings ist (analytisch betrachtet) die Messung des Prozessmodus der Ebene der Zugänglichkeit vorgelagert: bei hoher Motivation und hoher Möglichkeit prozessieren Personen ihre Antwort immer in überlegter Weise, und es ist für ihre Antwort bedeutungslos, ob ihr Urteil chronisch zugänglich ist oder nicht (vgl. Fazio 1990a). Mittels Antwortreaktionszeiten wird also vornehmlich der Elaborationsgrad gemessen, und erst in zweiter Linie die chronische Zugänglichkeit von Objektbewertungen.[7]

(ad 3.) Methodisch orientierte Anwendungen von Antwortreaktionszeiten

Generell betrachtet sind methodisch motivierte Anwendungen von Antwortreaktionszeitmessungen sowohl im Pretest einer jeden empirischen Studie als auch in Survey-Erhebungen mit großen Fallzahlen möglich. Beides soll im Folgenden erläutert werden.

In Pretests können Antwortreaktionszeiten darüber Aufschluss geben, ob einzelne Fragen z.B. aufgrund von Frageverständnisproblemen auffällig sind und evtl. hinsichtlich ihrer Formulierung überarbeitet werden sollten. Gerade innerhalb von Itembatterien zu ein- und demselben latenten Konstrukt sollten Items mit

---

[7] Für eine weitere empirische Differenzierung zwischen „Elaboration" und „Zugänglichkeit" kann daher die Elaboration über Latenzzeiten operationalisiert werden, und die Zugänglichkeit über die oben genannten Bestimmungsfaktoren der chronischen Zugänglichkeit (z.B. über direkte Erfahrung mit dem Einstellungsobjekt oder Häufigkeit der Meinungsäußerung) erhoben werden.

auffällig längeren mittleren Reaktionszeiten (die deutlich über dem Median aller itembezogenen Antwortzeiten liegen) näher betrachtet werden. Dabei ist zu beachten, dass zu diesem Zweck die rohen unbereinigten Reaktionszeiten untersucht werden sollten, da gerade die outlier-Werte von Reaktionszeiten auf methodische Probleme hinweisen können.[8]

Für eine solche Pretest-Analyse kann ein graphisches „Reaktionszeit-EKG" eingesetzt werden, mit dem auffällige „Ausschläge" im Interviewverlauf visuell identifiziert werden können. In der folgenden Abbildung 2 wird eine solche Analyse beispielhaft für die Antwortzeiten von insgesamt elf verschiedenen Frage-Items zu drei latenten Konstrukten aus der Pretest-Erhebung des in der Einleitung erläuterten Forschungsprojekts vorgestellt.

Der Abbildung 2 kann entnommen werden, dass das „gedrehte" Item der GB-Skala (GB2) den Befragten mehr Schwierigkeiten bereitet als die positiv formulierten Items (GB1, GB3). Allem Anschein nach bedarf es eines höheren kognitiven Aufwands, um dieses Item zu beantworten. Bei nur drei Items einer Skala wäre nun darüber zu entscheiden, ob dieses Item durch ein positiv formuliertes Item ersetzt werden kann. Auch bei der VE-Skala weisen die beiden negativen Items (VE-Ern2, VE-ERN4) eine höhere Reaktionszeit auf als die positiv formulierten Items. Bei der SN-Skala ist zu erkennen, dass das erste Item der Skala (SN-Ern1) deutlich mehr Kognitionsaufwand erfordert als die übrigen drei Items. Auffällig ist auch, dass die Reaktionszeit des zu Anfang der SN-Fragebatterie präsentierten (positiv formulierten) SN-Items (SN-Ern1) länger ist als die Reaktionszeit der darauf folgenden, negativ formulierten Items. Dies deutet darauf hin, dass erstens die Umstellung auf eine neue Skala, bei der nicht mehr die eigene Meinung abgefragt wird, sondern die Einschätzung von Erwartungen Dritter erbeten wird, einen in der Anfangsphase sehr hohen mentalen Aufwand erfordert, und dass die Überleitung zu dieser Itembatterie möglicherweise noch verbessert werden kann.

---

[8] Die Bereinigung der individuellen Basisgeschwindigkeit eines jeden Befragten ist in diesem Kontext nicht notwendig, da bei einem Vergleich mittlerer Reaktionszeiten verschiedener Items (d.h. bei einer Analyse auf Aggregatebene) die individuelle Basisgeschwindigkeit konstant bleibt.

Abbildung 2: Beispiel eines „Reaktionszeit-EKG" für Frage-Items zu den latenten Konstrukten „Gesundheitsbewusstsein" (GB), „Verhaltenseinstellung: Ernährung" (VE-Ern) und „Subjektive Norm: Ernährung" (SN-Ern); (negativ formulierte Items werden durch (-) symbolisiert) (Pretest; N=160; rohe Reaktionszeiten in Hundertstelsekunden)

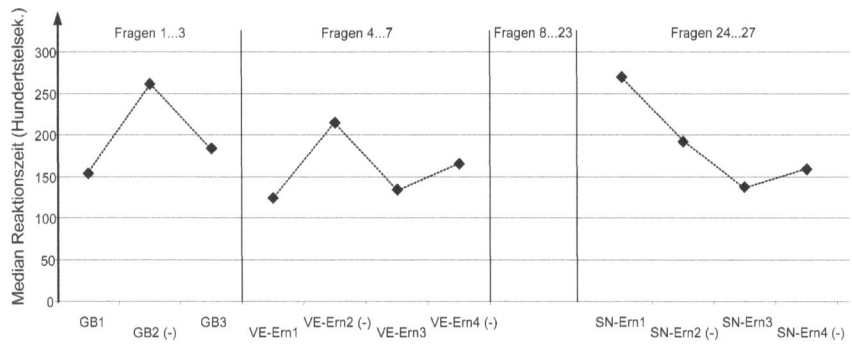

In Pretest-Untersuchungen können zur Identifikation von Befragungsproblemen auch die Zeitvalidierungsangaben der Interviewer herangezogen werden. Denn ungültige Zeitmessungen können z.b. durch „Befragtenfehler" entstehen, wenn Befragte nicht inhaltlich antworten, sondern Rückfragen stellen. Wenn deshalb die Interviewer bei einzelnen Fragen einen hohen Anteil an „Befragtenfehlern" bei der diesbezüglichen Zeitmessung berichten, so kann dies ein Hinweis auf Verständnisprobleme sein, die die Befragten mit einzelnen Fragen haben. Dies wird mit der nachfolgenden Tabelle 1 verdeutlicht. In Tabelle 1 werden dieselben Items aufgeführt, die auch schon in der vorangegangenen Abbildung 2 untersucht wurden. Der Tabelle ist zu entnehmen, dass diejenigen Items, die in Abbildung 2 überdurchschnittlich hohe Antwortzeiten aufweisen und deshalb als „problematisch" bzw. „auffällig" eingestuft wurden (z.B. das Item GB2), auch einen hohen relativen Anteil an Befragtenfehlern aufweisen (z.B.: 21,3% invalide Zeitmessungen bei Item GB2).

Tabelle 1: Zeitvalidierungsangaben durch die Interviewer (Pretest, N=160)

Item	Anteil von „Befragtenfehlern" (z.B. Rückfragen)
GB1	5,6%
GB2 (-)	21,3%
GB3	5,6%
VE-Ern1	5,0%
VE-Ern2 (-)	21,9%
VE-Ern3	6,9%
VE-Ern4 (-)	15,0%
SN-Ern1	25,0%
SN-Ern2 (-)	17,5%
SN-Ern3	9,4%
SN-Ern4 (-)	8,1%

Wie hier verdeutlicht wurde, entstehen Reaktionszeiten nicht nur durch Eigenschaften des Befragten, sondern werden immer auch durch Eigenschaften der Frage beeinflusst. In welchem Umfang sie auch durch Messfehler verzerrt sein können, und wie die Messfehler zu identifizieren und zu beseitigen sind, werden wir in Abschnitt II.3.1 bei der Behandlung von „Störfaktoren" der Antwortreaktionszeitmessung noch ausführlich diskutieren. Es bleibt aber bereits an dieser Stelle festzuhalten, dass eine detaillierte Pretest-Analyse von Reaktionszeitmessungen einen erheblichen Einfluss auf die Güte von Reaktionszeitmessungen in späteren Hauptuntersuchungen haben kann, in denen die Zeitmessung nicht mehr zur Instrumentenevaluierung sondern zur Beobachtung von substanziell interessierenden Prozessen der Informationsverarbeitung eingesetzt wird (s.o.).

Weitere Einsatzmöglichkeiten von Antwortreaktionszeitmessungen zur Evaluierung von Mettechniken und Messergebnissen im Bereich der Surveyforschung sind die Ermittlung bzw. die Bestimmung von:

- Nonattitudes (Bassili/Fletcher 1991; Fazio 1989, 1990; Mayerl 2003);
- der Stärke oder des Auftretens von Kontexteffekten (Johnson et al. 2002);
- Zustimmungstendenzen (Knowles/Condon 1999);
- Urteilssicherheit bzw -vertrauen (Feinstein 2000; Semmens 2001; Shrum/O'Guinn 1993), Priming-Effekten (Tourangeau 1992);
- sozialer Erwünschtheit (Kohler/Schneider 1995);

- Aufmerksamkeit oder Zufallsantworten (Stricker/Alderton 1999);
- allgemeine Fragebogeneffekte (Amelang/Müller 2001; Kreuter 2002; Prüfer/Rexroth 1996; Stocké 2001, 2002c, 2003);
- korrekte Nutzung von Rating-Skalen (Wagner-Menghin 2002);
- Falschangaben/"Faker" (Holden/Hibbs 1995; Vasilopoulos et al. 2000).

Am häufigsten wird die Reaktionszeitanalyse allerdings in der Surveyforschung zur Identifikation von Nonattitudes und von Response-Effekten (z.b. Fragereihenfolge- und Akquieszenzeffekte) eingesetzt. Da Response-Effekte je nach Fragestellung auch als „Störfaktoren" auftreten können, werden diese erst im nachfolgenden Kapitel näher betrachtet.

Die Analyse von *Nonattitudes* steht in inhaltlicher Nähe zur Analyse der Einstellungszugänglichkeit. Die Bezeichnung „Nonattitudes" brachte Converse in die Einstellungsforschung ein, um damit Befragtenäußerungen, die den „wahren" individuellen Einstellungen entsprechen, von Äußerungen zu unterscheiden, die eher in Form eines zufallsgesteuerten „mental coin flipping" entstehen (Converse 1964; Schumann/Presser 1988). Nonattitudes sind keine „wahren" Einstellungen, weil sie geringe oder überhaupt keine Zugänglichkeitswerte aufweisen. Und da auf dem Kontinuum der „Stärke" einer Objekt-Bewertungs-Assoziation, d.h. auf dem Kontinuum der Einstellungszugänglichkeit, eine kurze Latenzzeit dem Pol hoher Zugänglichkeit und eine lange Latenzzeit demjenigen Pol, auf dem keine Einstellung zugänglich ist, entspricht, können Nonattittudes, die in der Regel überhaupt keine Zugänglichkeit besitzen, auch nicht automatisch aktiviert werden. Befragte müssen in diesem Fall eine Einstellung und ein damit verknüpftes Antwortverhalten „on the spot" (Fazio et al. 1989: 280) generieren.

Im hier berichteten Forschungsprojekt wurden zur empirischen Prüfung dieser Annahme zwei Einstellungsfragen zu *fiktiven* Einstellungsobjekten gestellt: zu einem „geplanten neuen Gesetz zur Entwicklungshilfe" sowie zu einer „neuen Bioabfallverordnung".[9] Das „Entwicklungshilfe"-Item wurde direkt im Anschluss an Items zur Verhaltenseinstellung gegenüber freiwilligen Geldspenden an Hilfsorganisationen abgefragt, und das „Bioabfall"-Item wurde direkt nach Frage-Items zum Umweltbewusstsein präsentiert. Dabei zeigte sich, dass die Reaktionszeiten der Nonattitude-Items im Mittel tatsächlich statistisch signifi-

---

[9] Der genaue Wortlaut der beiden Nonattitude-Items ist: "Und wie finden Sie das geplante Gesetz zur Entwicklungshilfe?" (5er-Rating-Skala mit 1="sehr gut" und 5"sehr schlecht"); "Die neue Bioabfallverordnung lehne ich eher ab." (5er-Rating-Skala mit 1="trifft voll und ganz zu" und 5="trifft überhaupt nicht zu").

kant länger sind als die Reaktionszeiten der zuvor abgefragten, inhaltlich sehr verwandten Frage-Items (p=0,000; nonparametrischer Median-Test).

Zudem erwies sich bei einem Vergleich zweier Fragebogenversionen mit expliziter versus impliziter[10] „don't know"(DK)-Kategorie (jeweils N=250), dass bei den Nonattitude-Items ca. 20% mehr Befragte die DK-Kategorie wählen, wenn sie explizit angeboten wird, als im Falle einer nur implizit vorhandenen dk-Kategorie (62,4% vs. 44,0% bei "Entwicklungshilfe"; und 53,2% vs. 33,6% bei "Bioabfall"). Bei den Items, die substanziell bedeutungsvoll sind und direkt vor den Nonattitude-Items abgefragt wurden, beträgt die Differenz bei den DK-Angaben zwischen beiden Fragebogenversionen hingegen maximal 5%. Dieses Ergebnis bestätigt frühere empirische Studien (vgl. Schumann/Presser 1988) und dokumentiert, dass Nonattitude-Angaben durch die explizite DK-Kategorie um ca. 20% reduziert werden können.

Zusätzlich ist empirisch mittels nonparametrischem Median-Test festzustellen, dass die Reaktionszeiten der Nonattitudes bei impliziter DK-Kategorie im Mittel länger sind als bei expliziter DK-Kategorie (statistisch signifikant mit p=0,049 bei "Entwicklungshilfe" und marginal signifikant mit p=0,073 bei "Bioabfall"), während bei den substanziellen Items keine Reaktionszeitdifferenzen zwischen den Fragebogenversionen vorliegen (p>0,10). Auch dies verweist auf längere mittlere Reaktionszeiten bei Nonattitudes auf Aggregatebene.

Allerdings ist an dieser Stelle auf einen möglichen, gefährlichen Fehlschluss aufmerksam zu machen: Die zuvor berichteten Ergebnisse bedeuten keineswegs, dass lange Reaktionszeiten bei Einstellungsfragen als sicherer Hinweis auf Nonattitudes interpretiert werden können. Denn lange Reaktionszeiten entstehen, wie unter Punkt (2) angesprochen, nicht nur durch chronisch nicht-zugängliche Bewertungen, sondern auch durch eine hoch elaborierte Einstellungsgenerierung auf Basis von Rohinformationen (z.B. beliefs bzw. kognitive Überzeugungen). Ob lange Reaktionszeiten bei Einstellungsangaben auf Nonattitude-Generierung, auf Verständnisschwierigkeiten oder auf ein hoch elaboriertes inhaltliches Prozessieren hinweisen, muss empirisch mittels zusätzlicher Messungen zur Motivation und Möglichkeit bzw. Fähigkeit zum überlegten Prozessieren von Befragten ermittelt werden.

Zudem können auch kurze Reaktionszeiten mit der Generierung von Nonattitudes verbunden sein. Sie können z.B. durch das spontane Prozessieren von inhaltlich irrelevanten situativen Hinweisreizen oder einfachen Heuristiken entstehen, sodass auch dann (d.h. bei kurzen Reaktionszeiten) stets eine differenziertere Analyse zur Identifikation von Nonattitudes notwendig wird. Denn nur wenn die Einstellungszugänglichkeit niedrig ist und Informationen im spontanen Modus prozessiert werden, sind die Einstellungsangaben mit hoher Wahrscheinlichkeit

---

[10] Im Falle einer „impliziten dk-Messung" wird bei Benennung der möglichen Antwortkategorien durch den Interviewer keine dk-Kategorie explizit erwähnt. Jedoch wird eine „weiß nicht"-Antwort vom Interviewer als dk-Wert registriert.

hinweisreizbasiert und in diesem Sinne ebenfalls als „Nonattitudes" zu bezeichnen. Typisch ist hierfür die Zustimmungstendenz oder der Assimilationseffekt bei Fragereihenfolgeeffekten in Survey-Studien, die beide dafür sorgen können, dass Einstellungsangaben schnell und ohne nachzudenken in Form inhaltsunabhängiger Urteile generiert werden (vgl. auch Abschnitt IV.1). Mithin muss neben der Reaktionszeit stets auch die chronische Einstellungszugänglichkeit ermittelt werden, um Nonattitudes zu „entlarven". Dazu sollte nach den unter Punkt (1) genannten Bestimmungsfaktoren der chronischen Zugänglichkeit geschaut werden: Häufigkeit der Einstellungsäußerung bzw. direkte Erfahrung mit dem Einstellungsobjekt. Bei kurzen Reaktionszeiten und einer hohen direkten Erfahrung mit dem Objekt liegt demnach mit hoher Wahrscheinlichkeit eine „starke" Einstellung vor, während bei kurzen Reaktionszeiten mit niedriger direkter Erfahrung eher ein „Nonattitude" im Sinne eines „Response-Effekts" zu erwarten ist.

II.3   Bestimmungsfaktoren und Störeffekte von Reaktionszeiten

Die Antwortreaktionszeit eines Befragten hängt von vielen Bestimmungsfaktoren ab. Dazu gehören immer auch Faktoren, die nicht im analytischen oder theoretischen Interesse des Forschers liegen und die die Interpretation von Antwortreaktionszeiten sehr erschweren können. Deshalb muss bei der Analyse von Antwortreaktionszeiten stets versucht werden, solche (Stör-)Faktoren zu identifizieren und möglichst zu kontrollieren.

Die Problematik unerwünschter Störeffekte lässt sich anhand eines gängigen Prozessmodells zur Beschreibung des Antwortverhaltens in Befragungen erläutern (nach: Bassili 1996b; Strack/Martin 1987; Tourangeau/Rasinski 1988). Demnach ist die Antwort eines Respondenten das Ergebnis von vier aufeinander abfolgenden Phasen der aktiven Informationsverarbeitung. Diese sind: 1.) die Phase der Interpretation einer Frage, 2.) die Phase des Erinnerns von mit der Frage assoziierten Informationen, 3.) die Phase der Generierung eines Urteils anhand von erinnerten Informationen, 4.) die Phase der Übersetzung des Urteils in eine verbal geäußerte Antwort.
    Entsprechend dieser Phaseneinteilung ist in der zweiten und dritten Phase der Herausbildung einer Antwort die Zugänglichkeit von Bewertungen und Informationen sowie der dafür aufgewendete Elaborationsgrad von zentraler Bedeutung. In diesen beiden Phasen wird Zeit verbraucht, die von der Einstellungsforschung als Latenzzeit (d.h. als bereinigte Reaktionszeit) zur Verbesserung ihrer Erklärungsmodelle benutzt werden kann. Demgegenüber kommen in der ersten Phase, in der die Frage interpretiert wird, eher die Eigenschaften der Frage

selbst als Bestimmungsfaktoren für die Antwortbildung zur Geltung. Hierzu zählen u.a. der Schwierigkeitsgrad der Frage und das 'question wording' (Bassili 1996b, Bassili/Krosnick 2000). Auch in der letzten Phase der Antwortgenerierung kommen – ähnlich wie in der ersten Phase – vor allem frageinduzierte Effekte zum Tragen. Dort verlängern z.B. komplexe Antwortkategorien die Reaktionszeiten (Fazio 1990b) und der Respondent wird sich meist erst während der laufenden Befragung an die Antwortkategorien gewöhnen und mit kürzer werdenden Reaktionszeiten reagieren (sog. Lern- bzw. Übungseffekt). Während also die Bestimmungsfaktoren der Reaktionszeit in den Phasen zwei und drei für die Einstellungsforschung von inhaltlicher Relevanz sind, wirken in den Phasen eins und vier hauptsächlich solche Faktoren, die bei Verwendung von Antwortreaktionszeiten zur Analyse von Zugänglichkeits- oder Elaborationsausmaß als unerwünschte Störeffekte betrachtet werden müssen.

Unabhängig von phasenspezifischen Faktoren der Fragebeantwortung können zudem situative und individuelle Bestimmungsfaktoren die Antwortreaktionszeit beeinflussen. Zu den situativen Faktoren zählen u.a. Aufmerksamkeitsverluste während des Interviews, Zeitdruck oder die momentane Stimmung des Befragten. Zu den individuellen Faktoren ist an erster Stelle die individuelle Basisgeschwindigkeit zu zählen. Diese bezeichnet die frageunabhängige „Grund"-Geschwindigkeit eines jeden Befragten. Auf diesen Faktor und weitere individuelle Faktoren werden wir in dieser Studie noch ausführlich eingehen.

Zusätzliche, apparativ bedingte Verzerrungen der Reaktionszeitmessung diskutieren Lüer/Felsmann (1997). Sie benennen insbesondere Fehlereffekte, die durch die Verwendung von Computern in der Befragung entstehen. Dazu gehören vor allem Fehler, die durch die mangelnde Genauigkeit von Hard- und Software-Einsatz entstehen und die mit der Verwendung von bestimmten Betriebssystemen, Eingabegeräten (Maus, Tastatur, etc.) und Ausgabegeräten (Bildschirm, Ton) verbunden sind. Jedoch sind diese Verzögerungen (die in telefonischen Befragungen eine Verlängerung der Antwortzeit von insgesamt ca. 40 ms ausmachen) eher als bedeutungslos einzustufen. Es sollte aber nach Lüer/Felsmann (1997) keine höhere Auflösung als 100ms bei einer computerbasierten Reaktionszeitmessung verwendet werden.

Einen Überblick über die in der Literatur diskutierten Bestimmungsfaktoren bei der Entstehung von Antwortreaktionszeiten gibt die nachfolgende Tabelle 2. Die Bestimmungsfaktoren werden darin nach Merkmalen des Messinstruments und der Interviewsituation (1), Merkmalen der Befragten (2) und Merkmalen mentaler Prozesse (3) unterschieden.

Tabelle 2: Bestimmungsfaktoren von Antwortreaktionszeiten

Kategorie	Einzelne Bestimmungsfaktoren von Antwortreaktionszeiten
1.) Merkmale des Messinstruments und der Interviewsituation	- Frageformulierung: kompliziert, mehrdeutig, lang, doppelte Verneinung (+) *(Bassili 1993, 1996b; Bassili/Krosnick 2000; Klauer/Musch 1999; Kohler/Schneider 1995; Pachella 1974; Wagner-Menghin 2002)* - Übungs- und Lerneffekte (Fragewiederholungen, Skalenwiederholungen, Itembatterien) (-) *(Bassili 1996b; Huckfeldt et al. 1998; Smith 1968; Smith/Lerner 1986)* - Antwortkategorien: Länge (+), Komplexität (Anzahl der Antwortkategorien) (+) *(Bassili 1993, 1996b; Fazio 1990b; Pachella 1974; Smith 1968)* - Motivationsverluste im Verlauf des Interviews (-) *(Bassili 1996b; Bassili/Krosnick 2000)* - Ablenkung durch Anwesenheit Dritter oder unvorhergesehene Ereignisse (+) *(Bassili 1996b)* - situative Komplexität (+) *(Kail/Salthouse 1994)* - soziale Erwünschtheit (-) *(Amelang 1994; Kohler/Schneider 1995)* - gute Stimmung zum Zeitpunkt der Befragung (-) *(Fazio 1995 Ruder 2001)* - speed (-) vs. accuracy (+) Anweisungen *(Fazio 1990b; Houlihan et al. 1994; Pachella 1974; Smith 1968)* - Basisgeschwindigkeit der Interviewer bei der Zeitmessung (+) *(Bassili 1996b; Johnson 2004)* - Schwierigkeitsgrad der Frage (+) bzw. Fragetyp (Fakten (-), Einstellungen (+)) *(Bassili 1996b; Bassili/Fletcher 1991; Faust et al. 1999)* - Fragereihenfolge; Priming- bzw. Assimilationseffekte (-) *(z.B. Fabrigar et al. 1998; Urban et al. 2007; Tourangeau 1992)* - Zustimmungstendenz (-) *(Knowles/Condon 1999)* - Itemcharakteristik: state (-) versus trait (+) *(Amelang 1994)* - Extremitäts-Effekt: Antworten am Ende der Pole werden schneller gegeben als Antworten in Abstufungen dazwischen und der Mittelkategorie, wobei dies sowohl auf die Schwierigkeit der Abstufungen zwischen den Polen, als auch auf eine höhere Urteilssicherheit an den Polenden zurückgeführt werden kann (umgekehrt u-förmiger Zusammenhang; *vgl. Bassili 1996b; Fazio et al. 1989; Fazio 1990b; Fazio/Williams 1986; Klauer/Musch 1999; Mayerl 2003; Shrum/O'Guinn 1993)*
2.) Merkmale der Befragten	- individuelle, kognitive Basisgeschwindigkeit (+) *(Fazio 1990b; Mayerl et al. 2005)* - Alter (+) *(Christensen 2001; Faust et al. 1999; Fisher/Glaser 1996; Kail/Salthouse 1994)* - Geschlecht (m+, w-; der Effekt ist jedoch empirisch uneinheitlich) *(Amelang 1994)* - Intelligenz (-) *(Amelang 1994; Faust et al. 1999; Fisher/Glaser 1996; Houlihan et al. 1994; Neubauer et al. 2000)* - Verhaltenskontrolle (-) *(Amelang 1994)* - Selbstdarstellung (-) *(Amelang 1994)* - Impulsivität (-) *(Amelang 1994)* - Need for Cognition (+) *(Areni et al. 1999)* vs. (-) *(Smith et al. 1994)* - Need to Evaluate (-) *(Tormala/Petty 2001)* - Geschwindigkeit der physischen Motorik (-) *(z.B. Holden/Hibbs 1995)* - gesundheitliche Faktoren wie Depression, Alzheimer, Alkoholabhängigkeit, Kopfverletzungen etc. (+) *(Faust et al. 1999; Fisher/Glaser 1996)*

(Fortsetzung auf nachfolgender Seite)

(Fortsetzung von Tabelle 2)

3.) Merkmale mentaler Prozesse	- kognitive Zugänglichkeit von Objekt-Bewertungs-Assoziationen, z.b. von Einstellungen (-) *(z.B. Fazio 1986; Fazio 1990b)* oder beliefs (-) *(Ajzen et al. 1995; Doll/Ajzen 1992)* sowie direkte Erfahrung mit dem Einstellungsobjekt (-) als Determinante der Einstellungszugänglichkeit *(Fazio 1986; Fazio/Williams 1986)* - spontanes (-) versus überlegtes (+) Prozessieren *(Areni et al. 1999; Baxter/Hinson 2001; Brömer 1999; Carlston/Skowronski 1986; Doll/Ajzen 1992; Gibbons/Rammsayer 1999; Hertel/Neuhof et al. 2000; Ruder 2001; Smith et al. 1996)* - on-line (d.h. bereits vorhandenes Bilanzurteil) (-) vs. memory-based (+) Prozessieren (d.h. Generieren eines Urteils auf Basis von Rohdaten) *(Hertel/Bless 2000; Tormala/Petty 2001)* - Urteilsbasis: inkonsistente bzw. ambivalente Informationen (+) *(Bassili 1996b; Brömer 1999; Klauer/Musch 1999)* - Urteilsbasis: Menge verarbeiteter Informationen (+) *(Bassili/Scott 1996; Houlihan et al. 1994)* - starke Emotionen (-) *(Fazio 1995)* bzw. positive (-) versus negative (+) Emotionen - falsche Antworten (+) *(Rammsayer 1999)* bzw. „Faking good"-Antworten *(emp. Ergebnisse uneinheitlich, vgl. Holden/Hibbs 1995 (+); Maio/Olson 1995 ohne Effekt; Wagner-Menghin 2002)* - Reizerwartung (-), d.h. Erwartung, dass ein bestimmter Reiz kommt, auf den reagiert werden soll *(Mattes et al. 2002)* - „Minority Slowness Effect": Mehrheits- (-) versus Minderheitsmeinung (+) *(Bassili 2003)* - Zustimmungseffekt (-) *(Holden/Hibbs 1995)*

(+)Verlängerung der Latenzzeit; (-) Verkürzung der Latenzzeit

Angesichts dieser großen Anzahl an Bestimmungsfaktoren für die Länge von Antwortreaktionszeiten ist Pachellas Warnung verständlich: „[...] great patience and care must be taken in order to limit the possibility of serious error in their interpretation." (Pachella 1974: 80). Je nach Forschungsinteresse muss eine Vielzahl von Störfaktoren (Drittvariableneffekten) kontrolliert werden, um Antwortreaktionszeiten adäquat interpretieren zu können. Generell kann man als Störfaktoren solche Bestimmungsfaktoren verstehen, die zwar für einen nennenswerten Varianzanteil in der Antwortreaktionszeit verantwortlich zu machen sind, die aber nicht von substanziell-theoretischem Interesse sind, sondern die nur deshalb beachtet werden, weil sie die analytisch interessierende Varianz der Zeitmessung überlagern bzw. verzerren können. Welche Bestimmungsfaktoren folgerichtig als Störeffekte identifiziert und kontrolliert werden müssen, hängt letztlich von der Frage ab, was mit der Antwortreaktionszeit gemessen werden soll, d.h. wie diese interpretiert und welches theoretische Konstrukt damit operationalisiert werden soll.

In der Regel sind in der Reaktionszeitanalyse die unter Punkt (3) in Tabelle 2 genannten Faktoren von inhaltlich-substanziellem Interesse. Dazu gehören insbesondere diejenigen Faktoren, die die beiden zentralen Einsatzgebiete von Antwortreaktionszeiten (d.i. die Messung von Zugänglichkeit und Elaboration) betreffen (vgl. Abschnitt II.2). Die Bestimmungsfaktoren, die in den beiden anderen Kategorien genannt werden, sind hingegen in aller Regel als Störfaktoren zu betrachten. Sie werden nachfolgend näher erläutert.

(ad 1) Merkmale des Messinstruments und der Interviewsituation

In Kapitel II.2 wurde im Kontext methodischer Fragestellungen bereits angesprochen, dass einige Bestimmungsfaktoren von Reaktionszeiten, die in substanziellen bzw. theoriegeleiteten Anwendungen als „Störfaktoren" betrachtet werden müssen, unter methodischen Gesichtspunkten durchaus wichtige Informationen über die Qualität von Pretests und Surveystudien liefern können. Hierzu zählen u.a. Informationen über Effekte der Akquieszenz (1a), der Fragereihenfolge (1b), der Weiß-nicht-Kategorie (1c), der Textuierung von Fragen (1d), des speed-accuracy trade-off (1e) und über Effekte von Interviewerhandlungen (1f). Dazu mehr im Folgenden:

(ad 1a) Unter Akquieszenz wird eine inhaltsunabhängige Ja-Sage-Tendenz verstanden. Diese Tendenz führt dazu, dass Befragte im Interview oftmals nicht die ihren tatsächlichen Einstellungen entsprechenden Antworten angeben, sondern (u.a. aus Bequemlichkeit) in wiederholter Weise die gleichen zustimmenden Antwortkategorien auswählen. Eine traditionelle Methode zur Identifizierung solcher Antwortmuster ist z.B. die Auswertung von Homogenitäts-Indizes (Kreuter 2002).

Knowles/Condon (1999) und Bassili (2003) zeigen empirisch, dass der Effekt der Akquieszenz mit verkürzten Reaktionszeiten einhergeht. In unserer Studie lässt sich dieser Zusammenhang ebenfalls feststellen: 103 von insgesamt 144 Reaktionszeitmessungen (d.h. 71,53%) werden signifikant negativ von der Zustimmungstendenz der Befragten beeinflusst ($p \leq 0{,}05$; Pearsons r): je stärker die Zustimmungstendenz, desto schneller die Reaktionszeiten (logarithmiert und interviewervalidiert). Dabei wurde die Zustimmungstendenz operativ erhoben, indem die Häufigkeit des Antwortwerts von „1" auf exakt einhundert 5er-Rating-Skalen als Akquieszenz gewertet wurde.

(ad 1b) Ein typischer Messinstrumenteneffekt für das Befragtenverhalten ist der in der Literatur gut dokumentierte Fragereihenfolgeeffekt bzw. Fragekontexteffekt (auch Halo-Effekt genannt).[11] Dabei geht es um das „Ausstrahlen" eines

---

[11] Vgl. dazu Schwarz/Strack 1999; Strack/Martin 1987; Sudman et al. 1996; Tourangeau/Rasinski 1988; Tourangeau et al. 1989; Tourangeau 1992

Frageinhaltes oder eines Antwortmusters auf die Beantwortung nachfolgender Frage-Items. Solche Kontexteffekte variieren hierbei nicht nur in ihrem Ausmaß, sondern auch in ihrer Richtung: Während bei Assimilationseffekten (auch Carryover- oder Inklusionseffekte genannt) die Beantwortung einer Frage in die Beantwortung der nachfolgenden Frage aufgenommen und diese dadurch verzerrt wird (= positiv gerichteter Kontexteffekt), wird bei Kontrasteffekten (auch Backfire- oder Exklusionseffekte genannt) die Beantwortung der vorhergehenden Frage aus der Beantwortung der nachfolgenden Frage entweder ausgeschlossen (subtraktionsbasierter Kontrasteffekt), oder die vorhergehende Frage dient dort als kontrastierender Vergleichsanker (ankerbasierter Kontrasteffekt) (= negativ wirkender Kontexteffekt).

Ein typischer Assimilationseffekt kann aufgrund der Fragereihenfolge von allgemeinen und spezifischen Fragen entstehen, wobei dann ein Assimilationseffekt auftritt, wenn die spezifische vor der allgemeinen Frage gestellt wird und dann die spezifische Frage zur Beurteilung der allgemeinen Frage übergewichtet mit einbezogen wird. In diesem Falle ist die Korrelation zwischen spezifischer und allgemeiner Frage (in der Konstellation „spezifisch vor allgemein") höher als in der umgekehrten Reihenfolge (vgl. Strack/Martin 1987). Wird jedoch in der Überleitung zwischen Frageblöcken angekündigt, dass nun unterschiedliche Aspekte eines Themas abgefragt werden, so trennt der Befragte in aller Regel die betreffenden Komponenten auf. Die allgemeine Frage, die nach der spezifischen abgefragt wird, enthält dann nicht die spezifische Komponente (die eigentlich Teil der allgemeinen ist), was über die Aktivierung der Konversationsnorm „Nonredundanz" erklärt werden kann: es entsteht ein subtraktionsbasierter Kontrasteffekt. Ein Beispiel für einen ankerbasierten Kontrasteffekt geben Schwarz/Strack (1999): Wird eine Befragung in einer kalten, unangenehmen Räumlichkeit (=Anker) durchgeführt, ist die angegebene subjektive Wohnzufriedenheit höher als in einer angenehmen Befragungsräumlichkeit.

Die genannten Kontexteffekte können die Länge von Antwortreaktionszeiten beeinflussen, so dass die Reaktionszeiten auch ihrerseits zur Identifikation dieser Effekte einzusetzen sind. Dabei können die verschiedenen Ursachen für die Entstehung von Kontexteffekten durchaus in gegensätzlicher Weise auf Antwortreaktionszeiten einwirken und teils zu einer Verlängerung, teils zu einer Verkürzung der Reaktionszeiten führen (vgl. hierzu auch noch Abschnitt IV.1):

- Die Wahrscheinlichkeit für Kontexteffekte ist höher, je temporär zugänglicher das Urteil zu einer vorangegangenen Frage ist, wobei ein Kontexteffekt bei chronischer Zugänglichkeit von Urteilen, die mit einer nachfolgenden

Frage verbunden sind, nicht auftreten sollte (Strack/Martin 1987). Somit können Reaktionszeitmessungen eingesetzt werden, um die kognitive Zugänglichkeit von Urteilen zu ermitteln und um damit Hinweise auf die Wirkung von Kontexteffekten zu erhalten. Dementsprchend würde eine lange Antwortreaktionszeit bei einer zweiten bzw. nachfolgenden Frage eine niedrige kognitive Zugänglichkeit signalisieren und damit für eine erhöhte Wahrscheinlichkeit von Kontexteffekten sprechen.

- Auch die Urteilsbasis kann für das Auftreten von Assimilationseffekten verantwortlich sein. So ist bei wenigen oder inkonsistenten Informationen die Wahrscheinlichkeit für einen Assimilationseffekt höher (Sudman et al. 1996; Tourangeau et al. 1989). Während jedoch inkonsistente Informationen lange Reaktionszeiten verursachen, ist bei wenigen Informationen eher mit kurzen Reaktionszeiten zu rechnen.
- Ein weiterer Bestimmungsfaktor für die Entstehung von Kontexteffekten ist der Modus der Informationsverarbeitung. Assimilationseffekte sind dementsprechend eher bei einem spontanen Prozessieren von Informationen zu erwarten, während Kontrasteffekte eher bei einem überlegten Prozessieren zu beobachten sind. Denn subtraktions- oder ankerbasierte Evaluationen benötigen mehr Zeit und kognitiven Aufwand, und das bloße Übernehmen einer Bewertung (Assimilation) nimmt kaum Zeit in Anspruch (Sudman et al. 1996; Tourangeau et al. 1989; Tourangeau 1992). Dies gilt vor allem vor dem Hintergrund, dass bei subtraktionsbasierten Kontrasteffekten hoch zugängliche Informationen (d.h. die vorhergehende Frage) explizit nicht in das Urteil einbezogen werden, was eines höheren Grads an Elaboration bedarf. Somit können Kontrasteffekte eher bei langen Antwortreaktionszeiten und Assimilationseffekte eher bei kurzen Reaktionszeiten erwartet werden.
- Fragepositionseffekte können sich mit zunehmender Dauer einer Befragung auch als Folge einer sinkenden Motivation zum akkuraten Antworten einstellen. Die Antwortreaktionszeiten werden dann mit zunehmender Interviewdauer auch kürzer werden (z.B. Bassili 1996b).[12]

---

[12] In unserer Studie zeigte sich, dass dieser Effekt insgesamt eher schwach ausgeprägt ist. Bei den vier aufeinanderfolgenden Themenblöcken des Fragebogens 1.): Ernährung; 2.): Spenden; 3.): themenunabhängige Einstellungs- und Persönlichkeitsskalen; 4.): Soziodemographie) liegen die mittleren aktiven interviewervalidierten Reaktionszeitmessungen jeweils bei: 1.): 217,03 Hundertstelsekunden (Median); 2.): 192,96; 3.): 187,20; 4.): 156,50. Dass die mittleren Reaktionszeiten vor allem im soziodemographischen Teil (Themenblock 4) deutlich kürzer sind als in den übrigen, geht hauptsächlich auf eine geringere Schwierigkeit der Beantwortung der demographischen Angaben im Vergleich zu subjektiven Bewertungen von Objekten in den übrigen Themenblöcken zurück.

Halten wir also fest: Generell gilt, dass bestimmte Frage-Kontexteffekte bei sehr kurzen Reaktionszeiten zu erwarten sind (z.b. Assimilationseffekte), dass es aber auch Frage- Kontexteffekte gibt (z.b. Kontrasteffekte), die bei sehr langen Reaktionszeiten auftreten.

Die Nützlichkeit von Reaktionszeitanalysen zur Identifikation von Kontexteffekten wurde bereits von mehreren empirischen Studien aufgezeigt. So stellte Tourangeau (1992) schnellere Reaktionszeiten bei Assimilationseffekten fest, was er auf eine erhöhte Zugänglichkeit der Beurteilung von Items desselben Themenblocks zurückführte. Und Stocké (2002c) beobachtete ankerbasierte Kontrasteffekte bei Befragungen zum Thema Abtreibung, die mit langen Antwortreaktionszeiten einhergingen.[13]

(ad 1c) Krosnick et al. (2002) betonen, dass der Effekt einer 'Weiß-nicht'-Kategorie (DK-Kategorie) in zweierlei Weise interpretiert werden kann. Zum einen ist der Vorteil einer DK-Kategorie darin zu sehen, dass mit einer DK-Kategorie die Befragten nicht gezwungen werden, auch dann eine substanzielle Antwort zu geben, wenn sie tatsächlich keine Einstellung zu einem abgefragten Objekt halten (was auch die Antwortreaktionszeiten verlängern kann). Andererseits haben DK-Kategorien den Nachteil, dass bei geringer Motivation und/oder Fähigkeit der Befragten, ähnlich wie bei Akquieszenz-Effekten, Befragte mit vorhandener Einstellung zum Objekt aus Bequemlichkeit oder aus Unfähigkeit dazu verleitet werden können, die DK-Kategorie für ihre Antwort zu wählen.

Ob in Studien mit Reaktionszeitmessungen auch Befragungen mit DK-Kategorien durchgeführt werden sollten, ist nicht leicht zu entscheiden. Denn einerseits kann durch explizit angebotene DK-Kategorien verhindert werden, dass Befragte allzu schnell Nonattitudes konstruieren und dementsprechend die ihnen vorgelegten Einstellungsitems beantworten. Dazu haben wir bereits in Abschnitt II.2 ausgeführt, dass in unserer Studie eine Erhebung mit expliziter DK-Kategorie ca. 20% weniger Nonattitude-Angaben aufwies als eine Erhebung mit Verwendung impliziter DK-Kategorien.[14] Zudem wurde auch berichtet, dass

---

[13] Im Unterschied dazu fungierte die Antwortreaktionszeit in einer Studie von Bassili/Krosnick (2000) nicht als signifikanter Moderator eines ankerbasierten Kontrasteffekts, wie sie es bei Stocké tut, und auch Metaeinstellungsstärkemaße (Wichtigkeit, Sicherheit, Interesse, Wissen) wiesen keine signifikanten Effekte auf. Lediglich die Extremität erwies sich als signifikanter Moderator. Hier scheint also noch zusätzlicher Forschungsbedarf zu bestehen (eigene diesbezügliche empirische Befunde werden wir in Abschnitt IV vorstellen).

[14] Wie Krosnick et al. (2002) ausführen, ist allerdings auch die Messung mit einer expliziten DK-Kategorie systematisch verzerrt. Das Weglassen der DK-Kategorie könnte somit auch vorteilhaft

Reaktionszeiten mit impliziter DK-Kategorie im Mittel signifikant länger sind als die Zeiten mit expliziter DK-Kategorie. Denn Befragte ohne zugängliche Einstellung und ohne Informationen zu einem Objekt sind oftmals mit dem Problem konfrontiert, dass es für sie keine passende Antwortkategorie gibt und dadurch ihr Antwortprozess verlängert wird. Da sich in unserer Studie jedoch zeigte, dass nur bei den expliziten Nonattitude-Fragen signifikante Reaktionszeitunterschiede zwischen Befragungen mit und ohne explizite DK-Kategorie entstehen, kann für übliche Befragungen mit Reaktionszeitanalysen keine eindeutige Empfehlung zugunsten einer impliziten oder expliziten DK-Messung gegeben werden.

(ad 1d) Reaktionszeiten werden auch durch die Eigenschaften einer Frage selbst beeinflusst. Wagner-Menghin (2002) führen die Itemlänge, die Ambiguität einer Fragestellung, die soziale Erwünschtheit und den Iteminhalt (state versus trait) als Bestimmungsfaktoren der Reaktionszeit an. Mit passiven Reaktionszeitmessungen stellte sie fest, dass ca. 50% der Varianz von Reaktionszeiten durch die Itemlänge bestimmt werden. Im Gegensatz zu Fazio (1990b) geht Wagner-Menghin (2002) davon aus, dass die Anzahl der Antwortkategorien keinen Einfluss auf die Reaktionszeit haben. Fazio (1990b) hingegen argumentiert mit Verweis auf die Fragekomplexität (zu der auch die Antwortkategorien gehören), dass die Reaktionszeit mit zunehmender Breite der Rating-Skala zunimmt. Auch Frageformulierungen, die durch überflüssige oder doppelte Verneinungen gekennzeichnet sind oder mehrdimensional sind, führen zu signifikant längeren Reaktionszeiten (Bassili/Scott 1996). Und auch wenn eine befragte Person aufgefordert wird, die Häufigkeit bestimmter Verhaltensweisen retrospektiv zu schätzen, benötigt sie nach Bassili/Scott (1996) für die Beantwortung korrekt formulierter Fragen *mehr* Zeit als für die Beantwortung weniger präzise formulierter Fragen. Bassili/Scott (1996) führen dies auf den umfangreichen Informationsverarbeitungsprozess zurück, der bei einer kognitiven Häufigkeitsschätzung notwendig wird, während bei einer weniger präzisen Fragestellung auch Quantitäten angegeben werden können, ohne dass sich Befragte auf den eigentlichen Frageinhalt konzentrieren müssen.

Die Komplexität einer Fragestellung kann die Antwortreaktionszeit ebenfalls verlängern (Bassili/Krosnick 2000). Dies wird in der folgenden Abbildung 3 verdeutlicht. Darin werden verschiedene Fragetypen aufgeführt, die für ihre

---

sein: Befragte mit nur geringer Motivation wären gezwungen, eine substanzielle Antwort zu geben. Bei dieser Antwort könnte man dann davon ausgehen, dass sie auch eine tatsächliche Einstellung repräsentierte, die de facto vorhanden wäre.

Beantwortung einen unterschiedlich hohen mentalen Aufwand erfordern. Es wird gezeigt, wie sich die Reaktionszeit in Abhängigkeit von der Fragekomplexität bei voice-key-Messungen und bei aktiven Interviewer-Messungen verändert: Faktenfragen sind demnach sehr schnell zu beantworten, soziale Urteile oder Wertkonflikte erheblich langsamer, und am langsamsten werden „schlecht formulierte" Fragen oder komplexe Retrospektivfragen beantwortet.

Abbildung 3: Fragekomplexität und Reaktionszeit (in ms; Interviewermessungen; outlier- Ausschluss bei Werten über zwei Standardabweichungen über dem mean) (nach Bassili/Fletcher 1991: 340)

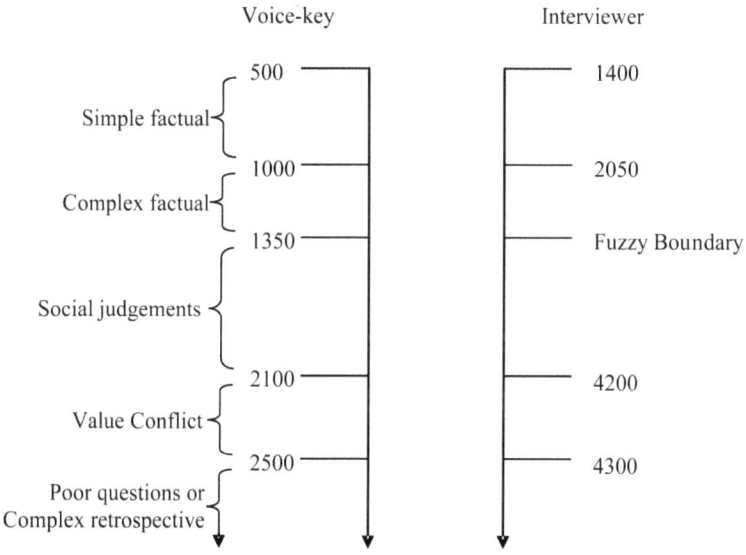

(ad 1e) Der Einfluss von einleitenden Interviewinstruktionen auf die Länge von Reaktionszeiten wird beim so genannten „speed-accuracy trade-off" (SAT) besonders deutlich. Bekommen die Befragten die Anweisung, möglichst akkurat zu antworten, verlängern sich auch ihre Reaktionszeiten (Nikolic/Gronlund 2002). Werden Befragte hingegen aufgefordert, möglichst schnell zu antworten, verkürzen sich zwar ihre Reaktionszeiten, jedoch sind dann weniger akkurate Antworten zu erwarten. Der Zusammenhang von Antwortgeschwindigkeit und Akkuratheit wird in der folgenden Abbildung 4 verdeutlicht .

Abbildung 4: Zusammenhang zwischen Geschwindigkeit und Akkuratheit (Quelle: Pachella 1974: 59)

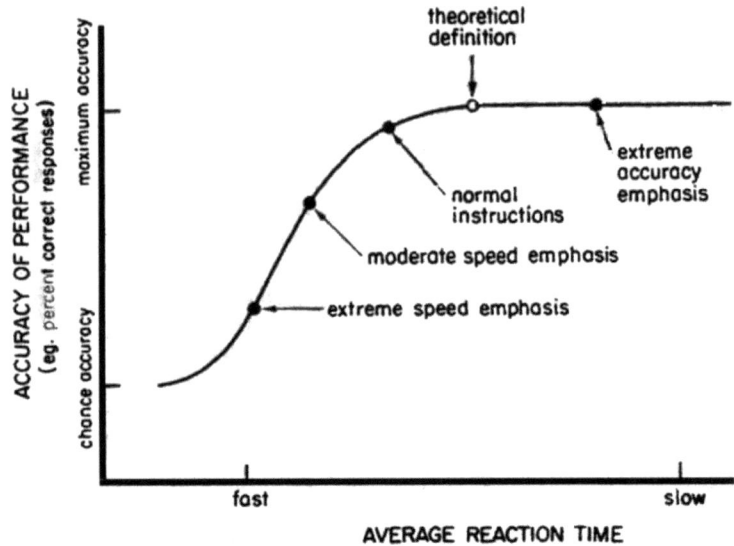

Auf der in Abbildung 4 angezeigten Funktionskurve liegt u.a. auch der Punkt „theoretical definition". Er markiert eine Reaktionszeit, ab der korrekte Antworten mit der größten Wahrscheinlichkeit zu erwarten sind. Kürzere Reaktionszeiten sind zwar, wie Abbildung 4 zeigt, durch verschiedene Interviewer-Anweisungen zu erreichen. Allerdings beeinträchtigen diese die Akkuratheit der Antworten. Fazio weist in diesem Zusammenhang darauf hin, dass Instruktionen im Interview immer am Erhalt einer Balance zwischen Antwortgeschwindigkeit und Antwortakkuratheit ausgerichtet sein sollten (Fazio 1990b). Dadurch könnten sowohl Zufallsantworten als auch 'künstlich' verlängerte Reaktionszeiten am besten vermieden werden. Zudem sollte durch diese Instruktionen die Motivation des Befragten erhöht werden und ein möglichst einheitlicher Standard zwischen den Befragten hergestellt werden.

Natürlich ist eine „Zufallsantwort" („chance accuracy" in Abb. 4) aufgrund von speed-Instruktionen keine rein zufällige Antwort. Denn unter starkem Zeitdruck orientieren sich Befragte häufig an generalisierten Einstellungen oder situativen Hinweisreizen. Dies wiesen Gordon/Anderson (1995) in Zusammenhang mit

Rassismus-Fragen nach. Danach verstärkten intensive speed-Anweisungen ein Antwortverhalten, das durch abrufbare Stereotypisierungen gesteuert wurde.

In unserem Forschungsprojekt (vgl. Kap. I) führten wir empirische Analysen zum Einfluss von Speed-Accuracy-Anweisungen (SA-Anweisungen) auf die Interviewgesamtdauer, auf die Länge von Antwortreaktionszeiten sowie auf die Ausprägungen von Variablen der Informationsverarbeitung durch. Zu diesem Zweck wurden in einem Split-Ballot-Verfahren vier verschiedene Interview-Instruktionen eingesetzt. Die Instruktionen waren gerichtet auf eine Erhöhung von „Speed und Accuracy" (die Befragten wurden gebeten, so schnell wie möglich zu antworten, ohne dabei in ihren Antworten ungenau zu werden), von „Speed" (so schnell wie möglich zu antworten) sowie von „Accuracy" (so genau wie möglich zu antworten, auch wenn dafür mehr Zeit benötigt würde). Zudem wurden zur Kontrolle auch Befragungen ohne explizite Speed-Accuracy-Anweisungen durchgeführt (im Folgenden bezeichnet als: „weder Speed noch Accuracy"-Instruktion).[15]

Bezüglich der mittleren Interviewgesamtdauer ergaben sich folgende Werte: „Speed & Accuracy": Median: 33 Min. (mean: 34,30 Min.; Standardabw.: 6,84 Min.); „Accuracy": 33 Min. (34,86; 7,05); „Speed": 31 Min. (33; 7,64); „weder noch": 34 Min (36,45; 8,89). Demnach hat die Befragung ohne jedwede Speed-Accuracy-Anweisung die längste mittlere Gesamtdauer, gefolgt von Befragungen mit den beiden Accuracy-Anweisungen (jeweils 33 Minuten unabhängig von einem möglichen Speed-Zusatz). Die geringste mittlere Interviewdauer weisen Befragungen mit Speed-Anweisung auf (die berichteten Median-Unterschiede sind statistisch signifikant mit $Chi^2=27,93$; $df=3$; $p=0,000$).[16] Dass die längste mittlere Gesamtdauer bei Interviews ohne jegliche Anweisung auftritt, ist vielleicht etwas überaschend. Das Ergebnis kann aber darauf zurückgeführt werden, dass dabei kein Orientierungsstandard vorgegeben wird und somit auch die Aufmerksamkeit der Befragten nicht erhöht wird, wie dies bei Interview-Instruktionen mit Accuracy-Anweisung (mit oder ohne Speed-Zusatz) der Fall ist. Dies ist auch an der deutlich höheren Standardabweichung bei der „weder noch"-Variante abzulesen.

---

[15] Bei ansonsten in allen Belangen identischen Befragungen betrugen die Fallzahlen der vier Varianten: N(Speed und Accuracy)=250; N(Speed)=250; N(Accuracy)=250; N(weder noch)=251.

[16] Aufgrund der typischen Rechtsschiefe von Antworteaktionszeiten und Interviewgesamtdauer werden hier non-parametrische Testverfahren bevorzugt.

Die nachfolgenden Abbildungen 5 bis 7 verdeutlichen den Verlauf der mittleren, interviewervalidierten Reaktionszeiten pro Item bzw. Frage in chronologischer Reihenfolge der Befragung und differenziert nach den vier oben genannten Instruktionsvarianten.[17] Die diesbezüglichen Zeitdifferenzen (gemessen als Differenzen der Mediane bei unterschiedlichen Instruktionsvarianten) wurden bei jedem Item mittels eines nonparametrischen Signifikanztests überprüft (in den Abbildungen sind alle Differenzen mit p ≤ 0,05 signifikant, es sei denn sie werden explizit als nicht-signifikant ausgewiesen). Aus Darstellungsgründen werden die mittleren Reaktionszeiten (in Hundertstelsekunden) getrennt für die Themenblöcke „Ernährung" (Abbildung 5), „Spenden" (Abbildung 6), „themenunabhängige Konstrukte" und „Soziodemographie" (Abbildung 7) vorgestellt.

---

[17] Für diese SAT-Analysen wurden die „rohen" Reaktionszeiten ohne Kontrolle der Basisgeschwindigkeiten ausgewertet. Die Kontrolle der Basisgeschwindigkeiten ist bei SAT-Analysen weniger bedeutend, da dazu die Reaktionszeiten nur im Aggregat (Mittel) und nicht auf Individualebene betrachtet werden. Zudem gibt es bei Analysen auf Item-Ebene keine Variation der individuellen Basisgeschwindigkeit pro Befragten.
Wichtig ist zudem anzumerken, dass fünf Übungsfragen mit Reaktionszeitmessung zu Beginn des Interviews noch *vor* den anschließenden Speed-Accuracy-Instruktionen gestellt wurden, sodass überprüft werden konnte, ob die Unterschiede zwischen den Reaktionszeiten bei Verwendung von Instruktionen tatsächlich auf diese Anweisungen zurückzuführen sind, oder ob sich die Unterschiede zwischen den einzelnen Instruktionsgruppen eher zufällig ergaben. Ein Median-Signifikanztest zeigte, dass sich die (interviewervalidierten und outlierbereinigten) Antwortreaktionszeiten bei den fünf Übungsfragen nicht signifikant zwischen den Instruktionsgruppen unterschieden (p>0,30). Die nachfolgend berichteten Unterschiede zwischen den mittleren Reaktionszeiten lassen sich demnach tatsächlich auf die Speed-Accuracy-Anweisungen zurückführen.

Antwortreaktionszeiten in Survey-Analysen 43

Abbildung 5: mittlere Reaktionszeiten (Abk. RZ) des Ernährungsblocks
(unterstrichen = n.s. mit p>0,05; nonparametrischer Median-Signifikanztest)

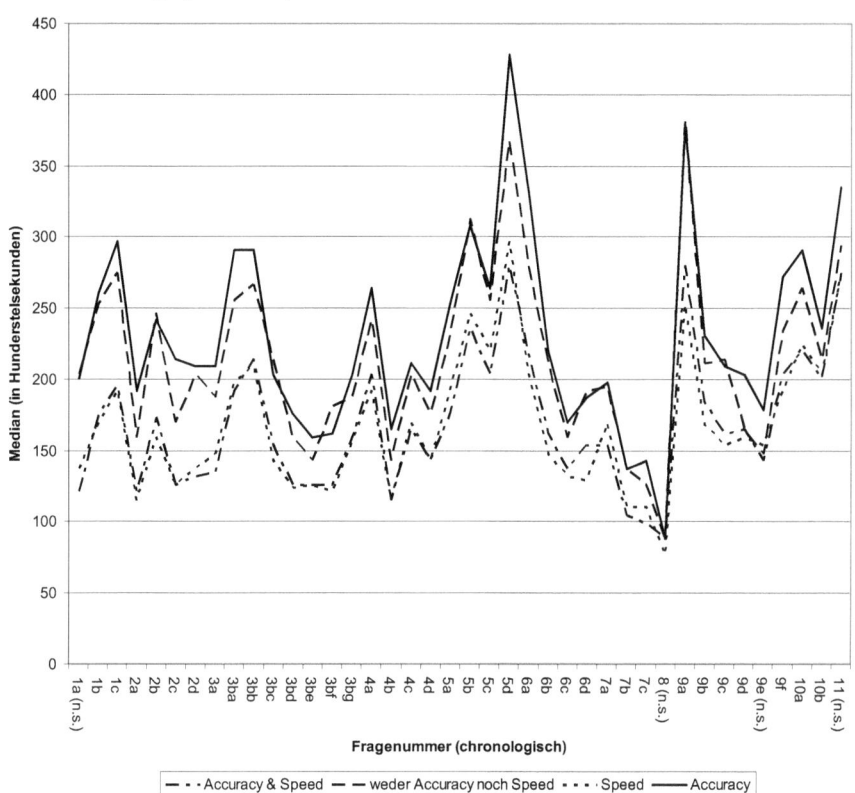

Abbildung 6: mittlere RZ im Spendenblock
(unterstrichen = n.s. mit p>0,05; nonparametrischer Median-Signifikanztest)

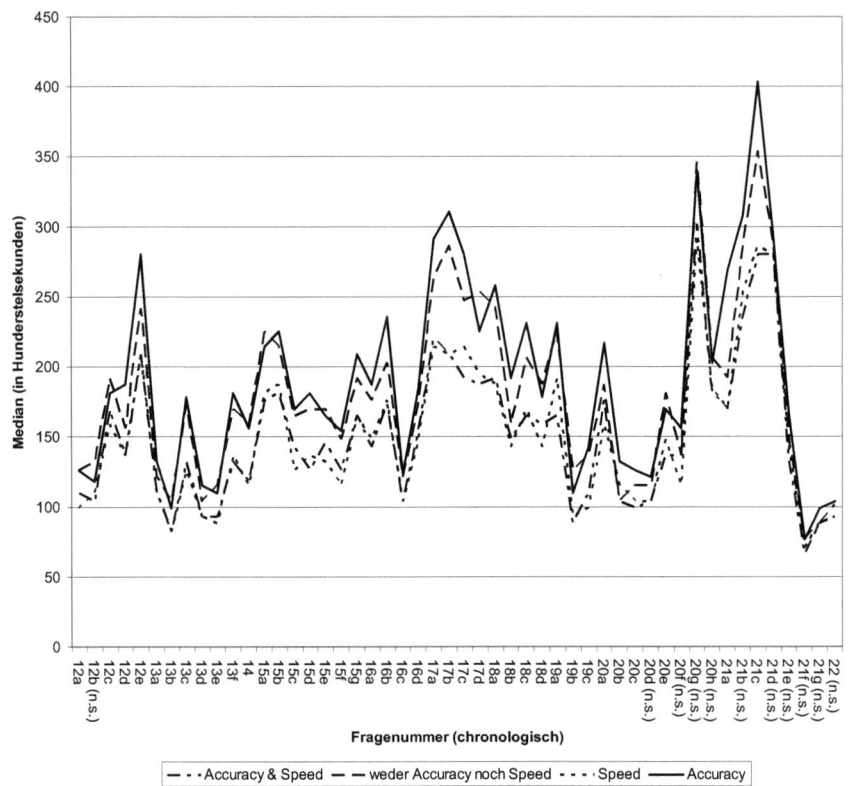

Abbildung 7: mittlere RZ in den themenunabhängigen und soziodemographischen Blocks
(unterstrichen = n.s. mit p>0,05; nonparametrischer Median-Signifikanztest)

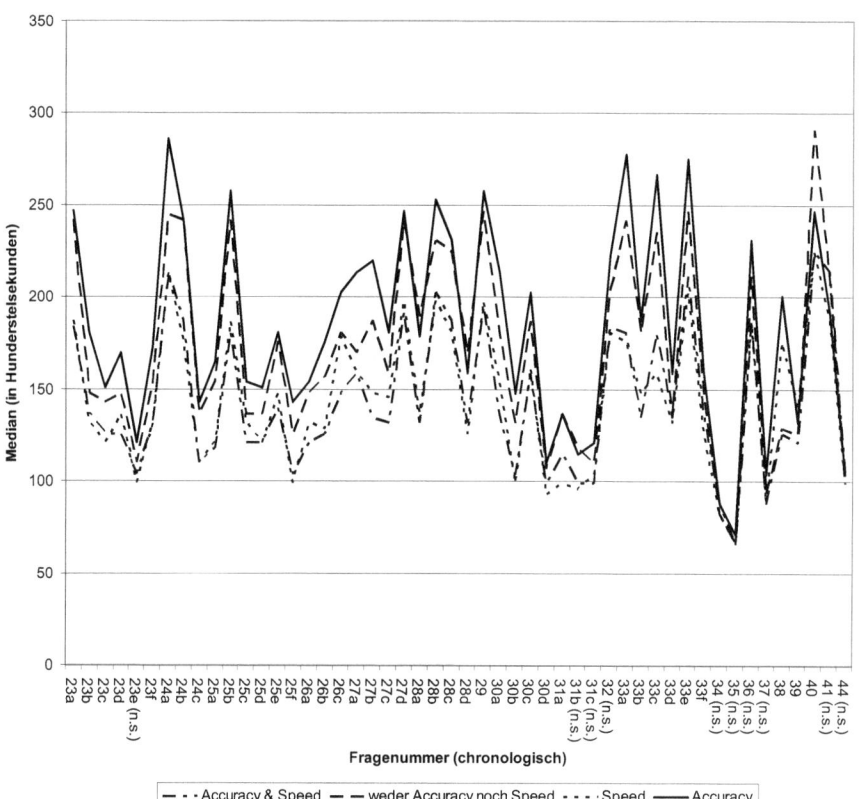

Bei den hier untersuchten Reaktionszeiten zu 139 Fragen, die alle unter Verwendung von vier verschiedenen Speed-Accuracy-Anweisungen ermittelt wurden, gibt es lediglich bei 25 Fragen keine signifikanten Unterschiede zwischen den mittleren, anweisungsspezifischen Reaktionszeiten und dem Gesamtdurchschnittswert, bei dem nicht zwischen verschiedenen Instruktionen unterschieden wird. Zu diesen 25 Fragen zählen insbesondere soziodemographische Faktenfragen. Bei über 90% aller Fragen werden die mittleren Reaktionszeiten unter Einsatz der Speed-Anweisung signifikant schneller ($p \leq 0{,}05$). Auch werden bei ca. 90% aller Fragen die Zeiten unter Verwendung der Accuracy-Anweisung signifikant langsamer ($p \leq 0{,}05$). Und auch ca. 90% aller Reaktionszeiten werden schneller ($p \leq 0{,}05$), wenn die kombinierte Speed-Accuracy-Anweisung eingesetzt wird, so dass, absolut betrachtet, so gut wie keine Unterschiede zu den Beschleunigungen unter reiner Speed-Anweisung bestehen. Dies kann auch in den Abbildungen 5 bis 7 anhand des Verlaufs der beiden gestrichelten Linien nachvollzogen werden (reine oder kombinierte Speed-Anweisung), die sehr nahe beieinander und zumeist aufeinander liegen. Für Reaktionszeiten, bei denen keinerlei Anweisungen gegeben wurden, zeigt sich, dass diese bei 67% aller Messungen langsamer sind als der Gesamtmedian und im Mittel knapp unter den Zeiten der reinen Accuracy-Anweisungen (aber deutlich über denjenigen der anderen beiden Anweisungen) liegen (vgl. auch die durchgezogenen Linien in den Abbildungen 5 bis 7).[18]

Insgesamt betrachtet kann festgehalten werden, dass sich die Speed-Accuracy-Anweisungen (wie erwartet) auf die Länge der Antwortreaktionszeiten auswirken: Reaktionszeiten unter Speed-Anweisungen sind im Mittel deutlich schneller als solche unter Accuracy-Anweisungen, die tendenziell am langsamsten sind. Etwas überraschend ist jedoch, dass Antwortreaktionszeiten unter Speed-Accuracy-Anweisung im Mittel genauso schnell sind wie solche unter reinen Speed-Anweisungen.

---

[18] Eine Betrachtung der Standardabweichungen aller Antwortreaktionszeiten ergibt zudem folgendes Bild: Die Standardabweichungen bei Speed- und Speed-Accuracy-Anweisungen liegen gleichauf und sind im Vergleich zu den anderen beiden Anweisungen deutlich niedriger. Speed-Anweisungen, ob kombiniert mit Accuracy oder alleine, reduzieren also die Varianz und setzen einen deutlichen Standard für alle Befragten.

In der Mehrzahl aller Fälle treten die höchsten Standardabweichungen im Falle reiner Accuracy-Anweisungen auf, dicht gefolgt von den Standardabweichungen bei Verzicht auf jegliche Anweisungen. Eine Aufforderung zur Akkuratheit wird von Befragten also sehr unterschiedlich wahrgenommen – zumindest was die dafür benötigte Zeit betrifft. Ein Verzicht auf jegliche Anweisungen führt zu rein individuellen (z.B. motivationsbedingten) Standards der Antwortzeit, die dann entsprechend unterschiedlich ausfallen können.

Speed-Accuracy-Anweisungen (SA-Anweisungen) haben aber nicht nur einen Einfluss auf die Länge von Latenzzeiten. Sie können auch die Ausprägung von Variablen der Informationsverarbeitung im Interview beeinflussen. Zu diesen Variablen gehören insbesondere die „situative Motivation" und die „situative Möglichkeit", die beide als Determinanten des Modus der Informationsverarbeitung gelten (vgl. Fazio 1990a zum MODE-Modell). Aber auch der „selbstberichtete Elaborationsgrad" gehört zu den beeinflussbaren Variablen, die einen Effekt auf das Antwortverhalten ausüben können. Könnten diese Variablen nicht durch SA-Anweisungen beeinflusst werden, so hätten SA-Instruktionen lediglich einen Einfluss auf die Geschwindigkeit von Antworten, aber nicht auf qualitative Merkmale des Antwortverhaltens.

Wir haben im o.g. Projekt (vgl. Kap. I) auch die Effekte von SA-Anweisungen auf geschwindigkeitsunabhängige Indikatoren der Informationsverarbeitung untersucht. Dazu wurde die Motivation der Befragten, mit der diese unsere Fragen zu Verhaltenseinstellungen im Ernährungs- und Spendenbereich in überlegter Weise beantworteten, mit mehreren Items erhoben. Dazu gehörten: die selbsteingestufte „Wichtigkeit der Entscheidung" in beiden Verhaltensbereichen (5er-Rating-Skala; 1="trifft voll und ganz zu"; 5="trifft überhaupt nicht zu"), der selbstberichtete „Elaborationsgrad" (5er-Rating-Skala; 1="sehr spontan"; 5="sehr überlegt") und der subjektiv erlebte „Zeitdruck" (als Indikator der Möglichkeit zum überlegten Prozessieren) (5er-Rating-Skala, gemessen zu drei Zeitpunkten des Interviews).

Die Ergebnisse unserer Analysen zeigen, dass der subjektive Zeitdruck, wie erwartet, unter der Accuracy-Bedingung am geringsten wahrgenommen wird. Am stärksten wird der Zeitdruck unter den Bedingungen „Speed" und „Speed & Accuracy" wahrgenommen. Und betrachtet man nur zwei von drei Zeitpunkten, an denen in jedem Interview der Zeitdruck gemessen wurde, wird ein solcher Zeitdruck sogar am stärksten unter der Bedingung „Speed & Accuracy" wahrgenommen. Der subjektiv erlebte Zeitdruck verstärkt sich folglich noch zusätzlich, wenn Befragte möglichst schnell *und* dabei gleichzeitig möglichst genau antworten sollen (alle Mittelwertdifferenzen (ANOVA) sind signifikant mit $p \leq 0{,}01$).

Hinsichtlich der Motivationsvariablen „Entscheidungswichtigkeit" (gemessen für zwei Verhaltensbereiche) ergab sich, dass die Motivation unter der Accuracy-Bedingung höher ist als unter den restlichen Bedingungen. Allerdings sind die Unterschiede nur im Spendenbereich signifikant ($p \leq 0{,}05$), nicht hingegen im Ernährungsbereich ($p>0{,}1$). Interessant ist auch, dass unter der Bedingung „Speed- *und* Accuracy" die Entscheidungsmotivation ähnlich hoch ausgeprägt ist, wie unter der reinen Speed-Bedingung. Somit erbringt eine zusätzliche Accuracy-Anweisung keinen oder kaum einen Unterschied zur reinen Speed-Anweisung, wenn es um die Motivierung der Befragten geht.

Hinsichtlich des selbstberichteten Elaborationsgrades erwies sich, dass unter den Bedingungen „Speed" und „Speed & Accuracy" eher spontan geantwortet wird, und unter den Bedingungen „keine Anweisung" und „Accuracy" die Antworten eher überlegt ausfallen. Die Differenz zwischen diesen beiden Anweisungsgruppen ist statistisch signifikant ($p \leq 0,01$).

Resümierend ist festzuhalten, dass mit SA-Anweisungen einige zentrale Variablen des Informationsverarbeitungsprozesses beeinflusst werden können: So sind Befragte bei reinen Accuracy-Anweisungen eher dazu motiviert, überlegt zu prozessieren. Sie empfinden dann einen geringeren Zeitdruck und antworten elaborierter als bei reinen Speed-Anweisungen. Interessant ist auch der Befund, dass die Kombination von Speed- und Accuracy-Anweisung nicht etwa zu mittleren Ausprägungen der prozesstheoretischen Variablen führt, sondern nahezu identische Auswirkungen wie die reine Speed-Anweisung hat (hoher subjektiv empfundener Zeitdruck, geringe Entscheidungsmotivation und geringer Elaborationsgrad). Mittlere Ausprägungen der hier beobachteten Variablen erhält man (zumindest tendenziell) bei einem Verzicht auf jedwede Speed-Accuracy-Anweisung.

Folgerichtig sollte, je nachdem auf welche Motivationsaspekte bei einer Erhebung mit Antwortreaktionszeitmessungen mehr Wert gelegt wird, auf die eine oder andere der hier diskutierten Instruktionsformen zurückgegriffen werden. Allerdings lassen die Ergebnisse unserer Speed-Accuracy-Analysen einigen Zweifel aufkommen an einer in der Literatur häufig anzutreffenden *grundsätzlichen* Empfehlung für kombinierte Speed- und Accuracy-Anweisungen (z.B. Fazio 1990b).

Ergänzend zu diesen forschungspraktischen Empfehlungen erbringen unsere SA-Analysen aber auch noch ein wichtiges Ergebnis hinsichtlich der substanziellen Interpretierbarkeit von Reaktionszeiten: Da Speed-Accuracy-Anweisungen sowohl die Antwortreaktionszeiten als auch die Selbstreport-Fragen (hinsichtlich Wichtigkeit, Elaboriertheit und Zeitdruck) wie erwartet beeinflussen können, ergibt sich aus diesen Resultaten auch eine empirische Evidenz dafür, dass lange Antwortreaktionszeiten ein überlegtes Prozessieren und kurze Zeiten ein spontanes Prozessieren indizieren können.

(ad 1f) Natürlich können auch Interviewer selbst die Messwerte von subjektiven Urteilen und den dazugehörigen Antwortzeiten verzerren. Insbesondere sind solche Fragen anfällig für interviewerausgelöste Verzerrungen, die emotional besetzt sind, sowie sensitive Fragen (beeinflusst von Effekten der sozialen Erwünschtheit), Fragen zu ungewohnten Themen, schwierige Fragen und vor allem auch offene Fragen (Kreuter 2002). Bei sensitiven Fragen können Befragte beispielsweise versuchen, die Einstellung des Interviewers zu antizipieren und kongruent zu dieser zu antworten. Insgesamt betrachtet sind jedoch die Einflussmöglichkeiten von Interviewern auf die Reaktionszeitmessung beschränkt. Am häufigsten wird dazu in der Literatur berichtet, dass ungenaues oder undeutliches Sprechen des Interviewers ein Nachfragen des Respondenten erforderlich machen kann, was zu systematisch längeren sowie deutlich mehr ungültigen Reaktionszeiten führt. Auch können Interviewer, wie oben dargestellt, bei der aktiven Messung von Reaktionszeiten aufgrund ihrer eigenen Reaktionszeiten beim Start und Stopp der Zeitmessungen ungenaue Zeitwerte erheben. Allerdings gehen solche Interviewer-Einflüsse in die Messung der befragtenbezogenen Basisgeschwindigkeiten ein, sodass, wenn sie nicht zufällig entstanden sondern systematischer Natur sind, eine spätere statistische Kontrolle der Basisgeschwindigkeiten nicht nur die „Grund"- Geschwindigkeit der Befragten, sondern auch die von den Interviewern verursachten Zeiteffekte berücksichtigen kann (vgl. nachfolgenden Punkt sowie Abschnitt III.2 zu diesbezüglichen empirischen Ergebnissen).

(ad 2) Merkmale der Befragten

Ein zentraler, bei Reaktionszeitanalysen zu bereinigender Störfaktor ist die bereits angesprochene individuelle Basisgeschwindigkeit eines jeden Befragten. Die Basisgeschwindigkeit hängt von individuellen Faktoren ab, wie beispielsweise vom Alter und Bildungsgrad der Respondenten, aber auch von methodischen Faktoren wie Interviewanweisungen oder von Unterschieden in den Zeitmessungen, die von Interviewern verursacht werden (vgl. Mayerl et al. 2005). Eine Kontrolle der Basisgeschwindigkeit ermöglicht es demnach, solche Zeitunterschiede zwischen Befragten aufzufangen, die nichts mit fragespezifischen Reaktionszeiten zu tun haben und deshalb einen Reaktionszeitvergleich zwischen Befragten erschweren würden.

Wie oben bereits angeführt, werden CATI-Bevölkerungsumfragen durch Interviewer ausgeführt, die sich ebenfalls in ihren „Basisgeschwindigkeiten" bei Durchführung der Zeitmessungen unterscheiden können. Die Basisgeschwindigkeit eines Respondenten kann daher als additiver Messwert verstanden werden, der sich aus der Basisgeschwindigkeit des Befragten und derjenigen des jeweiligen Interviewers zusammensetzt (Mayerl 2003, 2005; Mayerl et al. 2005). Da somit bei Erhebung und statistischer Kontrolle von Basisgeschwindigkeiten immer auch der durch Interviewerhandlung hervorgerufene Reaktionszeitanteil betroffen ist, kann auf eine separate Kontrolle von Interviewereffekten in der RZ-Analyse verzichtet werden (vgl. hierzu empirisch Mayerl 2005; Mayerl et al. 2005).

Generell gilt für Survey-Studien mit RZ-Analysen: Ohne Kontrolle der Basisgeschwindigkeiten der Befragten ist eine angemessene Interpretation und ein interindividueller Vergleich von Antwortreaktionszeiten nicht möglich: „Otherwise, one is simply identifying a continuum of generally fast versus slow responders." (Fazio 1990b: 87).

Deshalb wird in allen unseren nachfolgenden empirischen Analysen die basisgeschwindigkeitsbereinigte „Latenzzeit" im Unterschied zur rohen „Reaktionszeit" verwendet. Die Latenzzeit wird durch Anwendung eines statistischen Verfahrens ermittelt (dazu später mehr in Kapitel III.2.2), mit dessen Hilfe die empirisch beobachteten Reaktionszeiten um die individuellen Basisgeschwindigkeiten bereinigt werden. Die Latenzzeit ist folglich ein Zeitmaß, welches den fragespezifischen Anteil an der gesamten beobachteten Antwortreaktionszeit eines Befragten ausdrückt.

Mit diesen Hinweisen soll die Darstellung der wichtigsten Bestimmungsfaktoren von Antwortreaktionszeiten abgeschlossen werden. Im folgenden Kapitel rückt nun die statistisch-methodische Kontrolle dieser Störfaktoren in den Mittelpunkt unserer Ausführungen.

III Kontrolle von Störeffekten und Datenbehandlung

Im vorherigen Kapitel wurden zwei Kategorien von „Störfaktoren" bei der (theoriegleiteten) inhaltlich-substanziellen Analyse von Antwortreaktionszeiten unterschieden: Merkmale des Messinstruments und Merkmale der Befragten. Eine adäquate Interpretation von Antwortreaktionszeiten, z.b. als Elaborations- oder Zugänglichkeitsmaß, erfordert also nicht nur einen möglichst explizit formulierten, theoretischen Kontext, sondern auch die Kontrolle möglichst vieler dieser Störfaktoren.

Störfaktoren können in Survey-Untersuchungen auf zwei verschiedene Weisen kontrolliert werden: (a) Störeffekte können durch spezielle Verfahren der Datenerhebung und Datenbereinigung reduziert bzw. eleminiert werden, (b) Störeffekte können im Prozess der Datenanalyse durch nachträgliche Bereinigungsverfahren aus den Ergebnissen statistischer Schätzungen herausgerechnet werden.[19] Die erste Möglichkeit einer Kontrolle von Störeffekten bezieht sich vornehmlich auf die Kontrolle von Effekten des Messinstruments und der Interviewsituation (vgl. Punkt 1 in Tabelle 2 oben). Durch entsprechende Vorkehrungen im Design einer RZ-Erhebung und durch gezielte Interviewerschulungen können bereits bei der Datenmessung einige unerwünschte Störeffekte vermieden werden. Die zweite Kontrollmöglichkeit bezieht sich auf eine nach der Datenerhebung durchgeführte, statistische Transformation und Standardisierung „roher" Reaktionszeiten, mit der u.a. auch solche Störfaktoren, die aufgrund von Befragtenmerkmalen entstehen, kontrolliert werden können (vgl. Punkt 2 in Tabelle 2 oben). Wir werden im Folgenden auf diese beiden Möglichkeiten näher eingehen.

III.1 Methodische Kontrolle von Störeffekten durch das Erhebungsdesign

Sicherlich ist die Kontrolle von unerwünschten Effekten bei der Messung von Antwortreaktionszeiten im Forschungslabor einfacher zu realisieren als in CATI-

---

[19] Störeffekte können auch durch intelligente Fall-Kontroll-Designs identifiziert bzw. kontrolliert werden. Da wir uns in der vorliegenden Studie aber auf die Analyse von Reaktionszeiten in Survey-Untersuchungen konzentrieren wollen, bleibt diese Möglichkeit nachfolgend unberücksichtigt.

oder CAPI- Studien. So kann eine Ablenkung der Respondenten-Aufmerksamkeit durch Störgeräusche oder unerwartete Ereignisse (z.B. das Herunterfallen und Aufheben von Gegenständen) im Labor gut kontrolliert werden, während dies in Felduntersuchungen mit computergestützten Interviews kaum möglich ist (v.a. nicht in CATI-Studien). Dort besteht nur die Möglichkeit, die aktiven Reaktionszeitmessungen durch die Interviewer selbst validieren zu lassen (vgl. Abschnitt II.1). Und dafür ist eine sorgfältige Interviewerschulung erforderlich. Denn die als „ungültig" deklarierten Messungen werden in späteren statistischen Analysen zumeist als „missing values" behandelt und somit aus vielen Analysen ausgeschlossen. Durch Schulungen müssen die Interviewer z.B. lernen, Selbstgespräche bzw. lautes Nachdenken der Respondenten von deren Rückfragen unterscheiden zu können (vgl. Stocké 2003). Auch müssen sie sich eine besonders deutliche und weder zu schnelle noch zu langsame Aussprache erarbeiten, um dadurch Nachfragen oder Antworten, die bereits während des Verlesens von Fragen geäußert werden, möglichst zu verhindern. Zudem sollten sie bei Einsatz von CATI-Software nicht ohne Grund zwischen den Fragen hin- und herspringen müssen, was die diversen Zeitmessungen überschreiben würde (Huckfeldt et al. 1998). Und sie müssen natürlich darauf vorbereitet werden, dass sie den Start und den Stopp von Zeitmessungen möglichst exakt und ohne Verzögerung vornehmen können. Dabei sind unterschiedliche Reaktionszeiten von Interviewern natürlich unumgänglich, aber diese Unterschiede können im Zuge einer Basisgeschwindigkeitsbereinigung statistisch kontrolliert werden.

In der von uns erprobten Interviewerschulung wurde insbesondere die bereits oben vorgestellte 4-Bildschirm-Methode (vgl. Abschnitt II.1) eingesetzt. Mit ihrer Hilfe wurde vor allem erörtert, was eine gültige Messung, was ein Befragtenfehler, und was ein Interviewerfehler sein kann. Dies wurde auch anhand von Beispielen verdeutlicht, von denen einige in der folgenden Abbildung zu finden sind.

Antwortreaktionszeiten in Survey-Analysen 53

Abbildung 8: Beispiel von gültigen und ungültigen Zeitmessungen
(Folie aus der Interviewerschulung des Forschungsprojekts)[20]

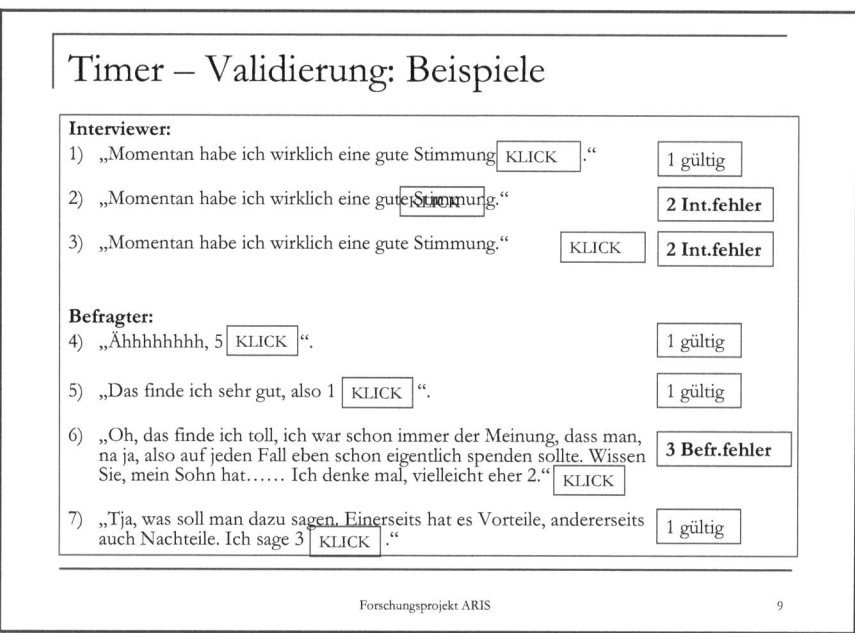

Abbildung 8 beschreibt einige mögliche Interviewerfehler: Das erste Beispiel zeigt eine gültige Messung, da die Interviewer direkt nach dem Verlesen der Frage (die Antwortskala wurde dem Befragten bereits zuvor genannt) die Zeitmessung startet.

Das zweite und dritte Beispiel zeigt jeweils einen Interviewerfehler durch eine *zu frühe* bzw. durch eine *zu späte* Initiierung der Zeitmessung. Letztere entsteht vor allem dann, wenn ein Interviewer im Sprachrhythmus des Respondenten die Zeitmessung beendet, anstatt unmittelbar nach dem letzten Wort die Taste zu drücken. Solche Beispiele, in denen die Befragten eine ungültige oder vermeintlich ungültige Zeitmessung provozieren, gehören zu den wichtigsten Themen von Interviewerschulungen für RZ-Studien.

Nach Beispiel 4 erfolgt eine gültige Messung, wenn ein Befragter eine Frage mit „Ähhhhh...5" beantwortet und sofort danach die Zeitmessung vom Inter-

---

[20] Das umrandete „Klick" symbolisiert den Tastendruck des Interviewrs, der den Stopp der Zeitmessung auslöst.

viewer gestoppt wird. Ein solches Antwortverhalten ist für Befragte in CATI-Surveys nicht untypisch. Oftmals werden Füllwörter benutzt, um Gesprächspausen zu überbrücken oder zu verhindern. Für die Messung ist es allerdings wichtig, dass der Befragte in diesem Beispiel nach dem „Ähm" mit der Zahl 5 antwortet. Immer wenn Interviewer in solchen Fällen nicht bei einem „Ähhhhh" (o.ä. Äußerungen) sondern bei Angabe der Zahl „5" die Zeitmessung stoppen, ist diese Zeitmessung gültig. Denn das „Äh" des Befragten ist nichts anderes als ein Hinweis darauf, dass er über die Frage nachdenkt – und dies nimmt die Zeit in Anspruch, die gemessen werden soll.

Auch im folgenden Beispiel ist dies der Fall, nur dass dort der Befragte statt Füllwörter die Skala in eigene Worte fasst: „Das finde ich sehr gut, also 1". Insofern ist in diesem Beispiel deutlich zu erkennen, dass sich der Befragte in der vierten Phase des Antwortprozesses, der Übersetzung des Urteils in eine Antwort (-kategorie), befindet (vgl. Abschnitt II.3).

Im vorletzten Beispiel beginnt der Befragte eine eigene Geschichte zu erzählen. Offensichtlich folgt er der eigenen Ablenkung und berichtet von Geschehnissen, die nicht direkt mit der Frage in Verbindung stehen. Ein solches „Geschichtenerzählen" erzeugt eine ungültige Zeitmessung.

Das letzte Beispiel betrifft ebenfalls eine längere Antwort, allerdings mit einem entscheidenden Unterschied: der Befragte denkt laut nach und ist offensichtlich mit der Frage selbst beschäftigt. Er wägt Vor- und Nachteile gegeneinander ab, und generiert schließlich aus diesem Prozess ein Urteil. Dieses Beispiel könnte also der Idealfall des überlegten Prozessierens sein und ermöglicht eine gültige Zeitmessung.

Interviewer sollten also durch ein intensives Schulungsprogramm dazu befähigt werden, ungültige Zeitmessungen zu vermeiden bzw., wenn in einer Befragung gravierende Störfaktoren aufgetreten sind, ein Interview als ungültig bewerten zu können. Jedoch ist die beste Vorbeugung gegenüber Messverzerrungen durch Störfaktoren noch immer die Entwicklung eines diesbezüglich optimierten Befragungsdesigns. Hierzu zählen neben der Berücksichtigung von generellen Regeln zur Textuierung von Fragen (z.B. Vermeidung von doppelten Verneinungen und unverständlichen Begrifflichkeiten, die alle verzerrende Auswirkungen auf Reaktionszeitmessungen haben, vgl. auch Tabelle 2 oben), folgende speziellen Regeln, die insbesondere für CATI- und CAPI-Befragungen unter Einschluss von RZ-Messungen gelten:

R1: *Antwortskalen sollten stets vor der eigentlichen Frage präsentiert werden.*
Durch ein solches Vorgehen kann vermieden werden, dass Befragte bereits antworten, während die Antwortkategorien – häufig zum wiederholten Male – vorgestellt werden und die Zeitmessung noch nicht gestartet wurde (Bassili 1996b).

R2: *Es sollte möglichst immer, solange sinnvoll, dieselbe Antwortskala verwendet werden.*
Da Skalen-Lerneffekte bei Verwendung einer neuen Antwortskala zu anfangs langsameren und dann zunehmend schnelleren Reaktionszeiten führen, ist es nicht ratsam, (häufig) die Formatierung von Ratingskalen zu wechseln.

R3: *Die Breite der Antwortskalen sollte nicht variieren sowie nicht zu groß sein.*
Der kognitive Aufwand zur Beantwortung von Interviewfragen steigt mit der Anzahl von Kategorienvorgaben an. Je mehr Antwortmöglichkeiten genannt werden, umso länger werden die zu erwartenden Reaktionszeiten. Fazio (1990b) schlägt daher vor, nur Ratingsskalen mit nicht mehr als fünf Antwortstufen verwenden. Stocké (2002c, 2003) hat jedoch auch mit siebenstufigen Skalen gute Erfahrungen gemacht. Mehr als sieben Kategorien sollte eine Ratingskala jedoch nicht umfassen. Da auch in vielen Analysen mit parametrischen statistischen Verfahren bereits fünfstufig skalierte Variablen verwendet werden können (vgl. Urban/Mayerl 2006: 275), ist i.d.R. selbst für anspruchsvolle statistische Auswertungen eine fünfstufige Skala ausreichend. Ein Vorteil dieser Skalenbreite ist zudem, dass bei der Befragung auf Schulnoten verwiesen kann (1="sehr gut" oder „stimme voll und ganz zu", 5="sehr schlecht" oder „stimme überhaupt nicht zu"), was den Befragten die Übersetzung ihres Urteils in einen Skalenwert erleichtert. Eine alternative Ratingskala mit deutlich höherer Breite ist die Wahrscheinlichkeits- bzw. Prozentskala (0 bis 100%), mit der Befragte nach unseren Erfahrungen ebenfalls keine allzu großen Probleme haben. Auch zeigte sich in unserer Studie, dass selbst bei fast durchgängigem Gebrauch von 5er-Ratingskala ein zwischenzeitlicher Einsatz von Prozentskalen in gesonderten Frageblocks keine Probleme bereitet.

R4: *Eine Befragung sollte mit Übungsfragen beginnen, die inhaltlich nicht von Interesse sind.*
Um Skalen-Lerneffekte, die sich durch zunehmend schnellere Reaktionszeiten auszeichnen, bei zentralen Fragen zu vermeiden, sollten Übungsfragen zu Beginn einer Befragung gestellt werden (vgl. Fazio 1990b; Shrum/O'Guinn 1993). In unserer Studie setzten wir hierzu insgesamt fünf Übungsfragen ein (z.b. über Einkaufsmöglichkeiten oder Nachbarschaftsverhältnisse). Sollten im Laufe der Befragung auch negativ formulierte, d.h. „gedrehte" Itemsformulierungen, abgefragt werden, so sollten auch entsprechend formulierte Übungsfragen eingesetzt werden. In unserer Studie wurden die erste, dritte und fünfte Übungsfrage positiv und die zweite und vierte Frage negativ formuliert. Bei den Antworten auf positiv getextete Fragen zeigte sich ein deutlicher Skalenlerneffekt: Während der Zeit-Median von Übungsfrage 1 noch 206 Hundertstelsekunden betrug, lag dieser bei der dritten Übungsfrage nur noch bei 170 Hundertstelsekunden. Derselbe Lerneffekt konnte auch bei den negativ formulierten Items festgestellt werden: der Zeit-Median des ersten negativen Items betrug 308 Hundertstelsekunden, während er beim zweiten negativen Item nur noch 214 Hundertstelsekunden betrug. Bei der fünften Übungsfrage wurde zudem der Schwierigkeitsgrad etwas angehoben, indem dort eine Selbsteinschätzung abgefragt wurde (momentane Stimmung). Der Zeit-Median betrug dabei 203 Hundertstelsekunden, was ebenfalls als Folge eines erfolgreichen Lerneffekts interpretiert werden kann.

R5: *Mit Hilfe von Frageübergangsformulierungen und Angabe der ungefähren Anzahl noch folgender Fragen sollten Motivations- und Aufmerksamkeitsverluste reduziert werden.*
Motivations- und Aufmerksamkeitsverluste im Verlauf von Interviews führen zu verkürzten Reaktionszeiten (Johnson 2004). Eine einfache Möglichkeit, solche Motivationsabnahmen zu reduzieren, besteht darin, Übergangsformulierungen zwischen Frageblöcken einzusetzen. So kann z.B. in der Mitte eines Interviews darauf hingewiesen werden, dass nun bereits „mehr als die Hälfte" der Befragung geschafft sei. Und auch der Übergang zum abschließenden Frageblock, i.d.R. der soziodemographische Teil, kann mit Worten wie z.B. „Abschließend wollen wir..." eingeleitet werden.

R6: Vorsicht ist geboten bei Verwendung von „gedrehten" bzw. negativ formulierten Items.

Häufig werden in den Itembatterien einer Befragung einzelne Items zur Kontrolle von Zustimmungseffekten „gedreht" bzw. negativ formuliert. Jedoch zeigte sich in unserer Studie, dass diese „gedrehten" Items deutlich längere Latenzzeiten aufweisen als „positiv" formulierte Items derselben Skala (vgl. z.B. Abbildung 2 oben). Deshalb sollten solche Fragetechniken nur mit Vorsicht eingesetzt werden. Möglich sind sie z.b. dann, wenn zu Itembatterien mit einzelnen gedrehten Rating-Skalen auch gemittelte Latenzzeit-Indizes über alle Indikatoren hinweg ermittelt werden sollen. Ansonsten lautet unsere Empfehlung: bei Einsatz von nur zwei oder drei Skalenitems sollten alle Itemtexte positiv formuliert werden, und es sollten – wenn überhaupt – erst ab vier Items auch gedrehte Formulierungen benutzt werden, die dann ggfs. bei der Berechnung eines Latenzzeit-Index auch ausgeschlossen werden können.

R7: Soziodemographische Fragen sollten am Ende des Interviews abgefragt werden.

Die Platzierung von soziodemographischen Fragen an das Ende einer Befragung ist bei standardisierten Umfragen üblich und sollte insbesondere auch bei Erhebungen mit Reaktionszeitmessungen durchgeführt werden. Denn aufgrund von niemals ganz auszuschließenden Motivations- und Aufmerksamkeitsverlusten gegen Ende eines Interviews entstehen dort kürzere Reaktionszeiten. Deshalb sollten die substanziell zentralen Reaktionszeitmessungen in den ersten beiden Dritteln einer Befragung erfolgen und im letzten Drittel nur solche Informationen erhoben werden, für die die Reaktionszeitmessungen inhaltlich nicht erforderlich sind und z.B. nur noch für die Ermittlung der Basisgeschwindigkeiten verwendet werden (z.B. soziodemographische Angaben).

Natürlich sollten stets auch andere mögliche Störeffekte, die z.B. durch Frageformulierungen und Fragepositionseffekte entstehen können, bei Entwicklung des Befragungsdesigns berücksichtigt und möglichst ausgeschlossen werden (vgl. Abschnitt II.3).

III.2 Statistische Verfahren zur Behandlung von Reaktionszeitdaten

Bevor die empirisch ermittelten, „rohen" Reaktionszeitmessungen für die Analyse von Prozessen der Informationsverarbeitung ausgewertet werden können, müssen sie bereinigt werden. Dazu werden verschiedene statistische Verfahren eingesetzt. Diese haben folgende Aufgaben:

1. ungültige Messwerte zu identifizieren (vgl. Abschnitt III.2.1);
2. individuelle Basisgeschwindigkeiten zu ermitteln und zu kontrollieren (vgl. III.2.2);
3. und je nach Analyseabsicht: die Beseitigung von Verteilungsproblemen, die Spezifikation spezifischer Analysedesigns, die Konstruktion von Latenzzeitindizes (vgl. III.2.3).

Im Folgenden werden diese Verfahren im Einzelnen vorgestellt, bevor dann im anschließenden Abschnitt III.2.4 einige zusammenfassende Empfehlungen zur Datenbehandlung gegeben werden.

III.2.1 Identifikation ungültiger Messwerte

Eine der wichtigsten Aufgaben der Datenbereinigung für die Reaktionszeitanalyse ist die *Identifikation* ungültiger Antwortreaktionszeitmessungen. Dazu werden in der Literatur hauptsächlich zwei Verfahren vorgeschlagen: die Auswertung von Interviewervalidierungsangaben sowie die Ermittlung von Ausreißerwerten (outlier).

Generell gilt: eine Reaktionszeitmessung muss immer als ungültig erklärt werden, wenn ein Interviewer bei der Validierung der jeweiligen Reaktionszeitmessung eine ungültige Messung registriert hat (vgl. Abschnitt II.1). Aber auch extrem lange und extrem kurze Reaktionszeiten können auf invalide Antwortreaktionszeitmessungen hindeuten.

Statistische outlier-Bestimmungen sind immer dann einzusetzen, wenn in einer Studie bzw. in einem verwendeten Datensatz keine Interviewervalidierungsangaben zur Verfügung stehen. Dann ist die statistische outlier-Ermittlung die einzige Möglichkeit, ungültige Reaktionszeitmessungen zu identifizieren. Doch selbst wenn Interviewervalidierungsangaben zur Verfügung stehen, kann es sinnvoll sein, einen Datensatz *zusätzlich* um outlier-Werte zu bereinigen. Denn Interviewer haben bei CATI-Befragungen am Telefon nur eine begrenzte Wahrnehmungs- und Kontrollmöglichkeit darüber, was Befragte während einer Befragung denken oder welche Handlungen diese gerade ausführen. So könnte eine befragte Person z.B. während eines Interviews verschiedenste Haushaltsarbeiten verrichten oder gedanklich in Urlaubsträume verfallen sein, was zu untypisch langen und letztlich ungültigen Reaktionszeiten führen müsste. Ein Interviewer kann dies in vielen Fällen am Telefon sicherlich nicht oder nicht sofort bemerken. Dann könnte allein die Überschreitung bestimmter zeitlicher Schwellenwerte einen Hinweis auf ungültig entstandene Reaktionszeiten geben.

Zur Festlegung von RZ-Gültigkeitsgrenzen ist allerdings anzunehmen, dass ein Großteil der extrem langen bzw. extrem kurzen Antworten nicht als Ergebnis eines gültigen Antwortprozesses oder einer fehlerfreien Interviewer-Messung zustande gekommen ist. Zudem ist die Definition von statistischen Schwellenwerten zur Identifikation ungültiger Reaktionszeiten immer mit einer gewissen Willkür verbunden und hängt stark davon ab, welchen empirischen Wertebereich die Reaktionszeiten in einer bestimmten Studie annehmen, was wiederum erhebungsdesign- und themenspezifisch variieren kann. Entsprechend vielfältig sind die Vorschläge, die zur Definition von RZ-schwellenwerten in der Literatur zu finden sind (vgl. dazu die folgende Abbildung 9).

Abbildung 9: Unterschiedliche Vorschläge zur Bestimmung von RZ-Ausreißerwerten bei Reaktionszeitmessungen

---

1) RZ-Werte *oberhalb* eines Schwellenwertes von:
  - 10000 ms (Maier 1999),
  - 15000 ms (Knowles/Condon 1999),
  - 2 Standardabweichungen über dem Mean (Bassili/Fletcher 1991, Fletcher 2000)
  - 3 Standardabweichungen über dem Mean (Huckfeldt et al. 1999, Mulligan et al. 2003),

2) RZ-Werte *unterhalb oder oberhalb* von Schwellenwerten:
  - über 1000 ms und unter 100 ms (Neumann et al. 1992),
  - über 1000 ms und unter 300 ms (Maier et al. 2003),
  - über 2000 ms und unter 300 ms (Devine et al. 2002 (Studie 1)),
  - über 3000 ms und unter 300 ms (Neumann/Seibt 2001; Devine et al. 2002 (Studie2)),
  - über 5000 ms uns unter 100 ms (Maio/Olson 1995),
  - über 40000 ms und unter 500 ms (Fekken/Holden 1994; Holden et al. 1993; Holden/Hibbs 1995),
  - über 3,0 z-standardisiert und unter -3.0 z-standardisiert (Holden et al. 1993; Holden/Hibbs 1995),
  - über 3 Standardabweichungen vom Mean und unter 1 Sekunde (Huckfeldt et al. 1998)
  - über 2 Standardabweichungen vom Mean und unter der Basisgeschwindigkeit (berechnet aus den Reaktionszeiten zur Altersfrage und einer einfachen Rechenaufgabe; Shrum/O'Guinn 1993)
  - über und unter 2 Standardabweichungen vom Mean (Amelang/Müller 2001; Bassili/Fletcher 1991; Bassili/Scott 1996; Kreuter 2002),
  - über und unter 2,5 Standardabweichungen vom Mean (Moore et al. 2002),
  - über und unter 3 Standardabweichungen vom Mean (Moskowitz et al. 1999; Tormala/Petty 2001; Wasel/Gollwitzer 1997).

Aufgrund der studienbedingt (z.B. themenspezifisch) unterschiedlichen absoluten Höhe von Reaktionszeiten können wir die Verwendung der in Abbildung 9 vorgestellten *absoluten* Schwellenwertkriterien nicht empfehlen. Stattdessen sollte die in der empirischen Sozialforschung übliche Bestimmung von outliern mit Hilfe der empirisch ermittelten Standardabweichung aller gemessenen RZ-Werte erfolgen. Üblicherweise werden dabei diejenigen Messwerte als outlier definiert, die unterhalb oder oberhalb eines Abstands von zwei Standardabweichungen zum arithmetischen Mittelwert der Messwerteverteilung liegen (vgl. Urban/Mayerl 2006: 185).[21] Eine solche Grenzziehung hat sich auch in unserer Studie zur Analyse von Antwortreaktionszeiten bestens bewährt.

Dass eine Kombination von Interviewervalidierung und outlier-Bereinigung sinnvoll ist, lässt sich auch anhand unserer Daten zeigen. Nur ca. 10-20 % derjenigen Fälle, die durch die Interviewervalidierung als ungültig identifiziert wurden, werden auch von der outlier-Bereinigung als ungültig identifiziert. Das heißt, dass ca. 80-90 % der durch die Interviewer als ungültig ausgewiesenen Fälle nicht durch die outlier-Bereinigung identifiziert werden können. Und auch nur ca. 30-60 % derjenigen Fälle, die durch die outlier-Bereinigung als ungültig identifiziert werden, werden gleichzeitig durch die Interviewervalidierung als ungültig identifiziert. Das heißt aber auch, dass ca. 40-70 % der outlier-Fälle nicht durch die Interviewervalidierung identifiziert werden. Diese recht geringe Überscheidung entsteht vor allem dadurch, dass in den Interviewervalidierungen häufig auch Reaktionszeiten im mittleren Bereich der Werteverteilung als ungültig bestimmt werden. Von der Länge der rohen Reaktionszeiten kann also nicht zuverlässig auf deren Gültigkeit bzw. Ungültigkeit geschlossen werden. Andersherum betrachtet sind aber auch reine Interviewervalidierungen nicht in der Lage, alle extrem und untypisch langen Reaktionszeiten zu ermitteln.

Fassen wir zusammen: Beide Verfahren zur Messvalidierung identifizieren nur zu relativ geringen Anteilen dieselben ungültigen Reaktionszeitmessungen. Zudem werden mit den Ergebnissen von Interviewervalidierungen unserer Erfahrung nach mehr invalide Messungen identifiziert als mit outlier-Berechnungen. Deshalb kann es u.U. sinnvoll sein, eine Kombination von statistischer outlier-

---

[21] Entscheidend für die Bestimmung von Schwellenwerten ist natürlich auch der Erhebungskontext. So ist in Laborexperimenten, bei denen z.B. möglichst schnell ein einfacher Stimulus auf einem Bildschirm zu benennen ist, mit kürzeren Reaktionszeiten zu rechnen, als bei Surveyfragen zu Einstellungen, die eine bewusste Auswahl zwischen Alternativen verlangen (Bargh/Chartrand 2000). Deshalb können Reaktionszeiten von beispielsweise vier Sekunden im Laborexperiment auf invalide Messungen hinweisen, während sie in einer Survey-CATI-Erhebung eine überlegte Auswahl indizieren können.

Bestimmung und Interviewervalidierungsangabe einzusetzen, um die RZ-Messungen zu validieren (ob dabei auch dann Invaliditätsangaben bei Interviewervalidierungen als ungültige Messwerte eingestuft werden, wenn die entsprechenden Messwerte nicht als outlier gelten können, muss jeweils themenspezifisch entschieden werden).

Uneinheitlich wird in der Forschungspraxis die *Behandlung* von ungültigen Reaktionszeitmessungen gehandhabt. Diese werden häufig, wie auch in anderen Bereichen der empirischen Sozialforschung, als „missing values" aus der weiteren statistischen Analyse *ausgeschlossen*. Soll die Menge der derart auszuschließenden Fälle gering gehalten werden (z.B. aufgrund einer relativ kleinen Stichprobengröße), kann bei der Ungültigkeitsbestimmung auf die zusätzliche Interviewervalidierung verzichtet werden und nur die statistische outlier-Berechnung zur Identifikation ungültiger Fälle eingesetzt werden. Auf diese Weise werden nach unserer Erfahrung weniger Fälle ausgeschlossen als aufgrund reiner Interviewervalidierungen. In unserer Studie wurden pro Frage bzw. Item im arithmetischen Mittel ca. 4% der Fälle durch eine outlier-Bestimmung ausgeschlossen. In Folge von Interviewervalidierung wurden hingegen ca. 12% der Fälle ausgeschlossen, und durch die Kombination beider Verfahren ca. 16%.

Eine alternative Methode des Umgangs mit ungültigen Reaktionszeitmessungen, die grundsätzlich keine Beobachtungsfälle ausschließt, ist die Mittelwert-Imputation (Stocké 2001, 2002a, 2002b). Dieses Verfahren, bei dem Ausreißer-Werte und ungültig gemessene Werte durch die Mittelwerte aller RZ-Messungen (bezogen auf eine bestimmte Frage) ersetzt werden, hat den Vorteil, dass die Fallzahlen in der Analyse immer auf einem konstanten Niveau bleiben werden. Jedoch hat das Verfahren unseres Erachtens einen schwerwiegenden Nachteil: Alle Analysen mit derart bereinigten Daten besitzen stets das Risiko, dass sie mit einem großen Anteil von artifiziell erzeugten Messwerten operieren müssen, die potenziell zu verzerrten Resultaten führen müssen. Denn letztlich würde dabei im vorliegenden Fall mit einer Wertemenge gearbeitet (die etwa 16% aller Fälle umfasste, s.o.), die empirisch so nicht zu beobachten war. Zudem ist nach Mittelwert-Imputationen nicht mehr zu erkennen, ob ein so berechneter Wert aufgrund seiner Extremität oder aufgrund einer Interviewervalidierung zuvor als ungültig deklariert wurde. Das Verfahren könnte somit schnell in den Verdacht geraten, allein zur Vermeidung von Fallausschlüssen und damit zur Gewährleistung einer maximal möglichen Fallzahl eingesetzt zu werden.

Ein anderes, in Studien eingesetztes Verfahren zum Umgang mit invaliden oder extrem abweichenden RZ-Messwerten ist die Schwellenwertfixierung (z.B. Devine et al. 2002 (Studie 2); Fekken/Holden 1994; Holden/Hibbs 1995; Neumann/Seibt 2001; Ratcliff 1993). Dabei wird allen ungültigen Messwerten ein vorher definierter Schwellenwert zugewiesen. So zeigt sich auch hier der gleiche Vorteil wie bei der Mittelwert-Imputation: eine urspünglich vorhandene Fallzahl bleibt unverändert und wird im Laufe der Analyse nicht weiter reduziert. Jedoch besteht ein Unterschied zur Mittelwert-Imputation darin, dass vormals extrem lange Reaktionszeiten nach einer Schwellenwertfixierung immer noch als Langzeitwerte zu identifizieren sind, auch wenn der relative Einfluss dieser Reaktionszeiten durch deren Festlegung auf einen Schwellenwert gemindert wurde. Das hat z.B. zur Folge, dass eine dichotome Aufteilung von Messwerten in kurze und lange Reaktionszeiten bei einer Schwellenwertfixierung weiterhin möglich ist, während dies bei einer Mittelwert-Imputation ausgeschlossen wird (bzw. nur mit der Einschränkung möglich ist, dass sowohl outlier als auch ungültige Messungen von der durchschnittlichen Reaktionszeit repräsentiert werden).

Nach unserer Einschätzung erzeugen beide Verfahren (Mittelwert-Imputation und Schwellenwertfixierung) zusätzliche Probleme für die RZ-Analyse und sollten nur in Ausnahmesituationen eingesetzt werden. Auch der Vorteil höherer Fallzahl kann diese Verfahren u.E. nicht rechtfertigen. Denn auf eine eventuell bestehende Fallzahlproblematik kann zunächst dadurch reagiert werden, dass auf die Kombination von Interviewervalidierung und outlier-Berechnung zur Identifikation ungültiger RZ-Messwerte verzichtet wird. Und dann kann, wenn möglichst wenige Fälle ausgeschlossen werden sollen, eine outlier-Bereinigung vorgenommen werden. Sollte es allerdings primär um eine „punktgenaue" Identifikation von ungültigen Werten gehen, wäre eine reine Interviewervalidierung zu bevorzugen.

Welche Konsequenzen eine große Anzahl ausgeschlossener Fälle bei der Durchführung von RZ-Studien haben kann, untersuchte Ratcliff (1993) mit einer Monte-Carlo-Simulation, bei der unterschiedliche Schwellenwertkriterien hinsichtlich ihrer Efffekte auf das Signifikanzniveau und die Teststärke von F-Tests untersucht wurden. Dabei zeigte sich, dass zwar das Signifikanzniveau nicht beeinträchtigt wird, jedoch die Teststärke deutlich absinkt, wenn die Anzahl von outlier-Fällen ansteigt. Allerdings steigt die Teststärke auch wieder deutlich an, wenn das Schwellenwertkriterium zum outlier-Ausschluss möglichst restriktiv angesetzt wird.

III.2.2 Kontrolle der individuellen Basisgeschwindigkeit

Die Antwortreaktionszeiten von Befragten hängen nicht nur von analytisch relevanten, fragespezifischen Faktoren sowie diesbezüglichen Störfaktoren ab. Die Antwortzeiten werden auch von unterschiedlichen, intraindividuell konstanten Basisgeschwindigkeiten bestimmt. Deshalb müssen in jeder Reaktionszeitanalyse die gemessenen Zeiten um diejenigen Zeitanteile bereinigt bzw. kontrolliert werden, die aufgrund von stabilen, personalen Faktoren entstehen.

Wie bereits angesprochen, unterscheiden wir in der Analyse zwischen „rohen" Reaktionszeiten und „Latenzzeiten". Latenzzeiten sind diejenigen individuellen Messwerte von Antwortreaktionszeiten, die um ein jeweiliges individuelles Ausmaß von personaler Basisgeschwindigkeit bereinigt wurden.

Wie in Abschnitt II.3 dargestellt, werden die Latenzzeiten mit der Kontrolle von individuellen Basisgeschwindigkeiten um eine Vielzahl interindividuell variierender Störfaktoren bereinigt. Und dort wurde auch erläutert, dass sich die Basisgeschwindigkeit additiv aus einer interviewer- und einer befragtenbezogenen Basisgeschwindigkeit zusammensetzt, sodass eine Kontrolle der Basisgeschwindigkeit immer beide Komponenten zugleich berücksichtigen kann (vgl. hierzu Bassili 1996b; Johnson 2004; Mayerl 2003). Im nachfolgenden Abschnitt soll dies auch empirisch aufgezeigt werden.

III.2.2.1 Berechnung von Basisgeschwindigkeiten

Zur Ermittlung der individuellen Basisgeschwindigkeit einzelner Befragter sollten nach Fazio (1990b) sogenannte „filler latencies" verwendet werden. Das sind Reaktionszeiten zu mehreren Frage-Items, die weder substanziell noch theoretisch mit Items zusammenhängen, bei denen die eigentlich interessierende „target latency" gemessen werden soll (in unserer Studie sind dies z.B. Fragen zum Geldspendeverhalten und zur gesundheitsbewussten Ernährung). Die individuelle kognitive Basisgeschwindigkeit kann dann als arithmetisches Mittel einzelner „filler latencies" ermittelt werden.

Davon abweichend wird in einigen Reaktionszeitanalysen die personale Basisgeschwindigkeit auch als arithmetisches Mittel *aller* gemessenen Antwortreaktionszeiten berechnet (z.B. bei Bassili 2003 oder Stocké 2002c, 2003). Ein Vorteil von solch einem Vorgehen besteht sicherlich darin, dass dabei das Frageinstrument nicht um zusätzliche, substanziell uninteressante Füllfragen erweitert und damit in die Länge gezogen werden muss. Allerdings impliziert die Verwendung aller gemessenen Reaktionszeiten zur Bestimmung von Basisgeschwindigkeiten streng genommen eine Tautologie, da dadurch die analytisch interessierende „target latency", die ja um die Basisgeschwindigkeit bereinigt werden soll, selbst Bestandteil der Basisgeschwindigkeitsberechnung wird. Hinzu kommt, dass bei Verwendung interviewervalidierter und/oder outlierbereinigter Reaktionszeiten die Fallzahlen umso stärker sinken, je mehr Frage-Items für die Ermittlung von Basisgeschwindigkeiten verwendet werden.

Eine offene Frage ist der Schwierigkeitsgrad der Items, die bei einer separaten Berechnung von Basisgeschwindigkeiten einzusetzen sind. Werden nur „einfach" zu beantwortende Items verwendet, so wird vor allem versucht, eine physisch-mentale basale „Grund"-Geschwindigkeit zu erfassen (z.B. Bassili 1993, 1995; Grant et al. 2000, Johnson et al. 2002; Mayerl et al. 2005; Mulligan et al. 2003; Shrum/O'Guinn 1993). Verwendet man hingegen „schwerere" Fragen, die einen höheren kognitiven Aufwand erfordern, könnte man damit auch noch weitere Effekte wie beispielsweise Bildung oder Intelligenz kontrollieren.[22]

Die nachfolgende Abbildung 10 soll unsere Ausführungen zur Konzeptionierung von Basisgeschwindigkeitsmessungen ein wenig verdeutlichen. In ihr werden drei zentrale Konzepte von Basisgeschwindigkeit (Abk. „BG") unterschieden: „BG-a" als basale physisch-mentale Basisgeschwindigkeit, die mit kognitiv unaufwändigen Items gemessen wird, „BG-b" als Basisgeschwindigkeit, die beim kognitiv aufwändigen Prozessieren von „schwierigen" Items zu messen ist, und „BG-c", die mit einer Kombination aus unaufwändigen und aufwändigen Items gemessen wird.

---

[22] Bassili/Krosnick (2000) verzichten sogar explizit auf eine Basisgeschwindigkeitsbereinigung mit dem Argument, dass es Personen gibt, die in einem interessierenden Themen- oder Einstellungsbereich grundsätzlich eine höhere kognitive Zugänglichkeit aufweisen könnten und eine Basisgeschwindigkeitsbereinigung dann dazu führe, dass diese Personen fälschlicherweise eine zu kurze Basisgeschwindigkeit zugesprochen bekämen. Die Bedenken von Bassili/Krosnick würden aber nur dann zutreffen, wenn die Basisgeschwindigkeit als Durchschnittswert der Antwortzeiten zu substanziell interessierenden Einstellungsthemen ermittelt würde, wovon ja, wie oben erläutert, abzuraten ist.

Abbildung 10: Konzepte von Basisgeschwindigkeit (BG)

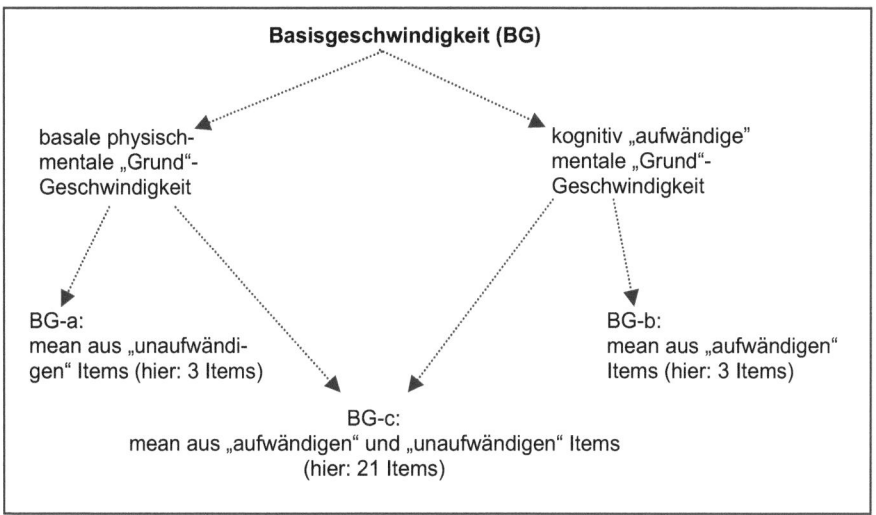

Zur Ermittlung der Basisgeschwindigkeit BG-a werden ausschließlich leicht zu beantwortende Fragen benutzt. Damit wird ein einfaches Faktenwissen erfragt, das allen Befragten gleichermaßen zur Verfügung stehen sollte. Auf diese Weise kann eine personale Basisgeschwindigkeit des Antwortverhaltens ermittelt werden, die als reine Zugriffsgeschwindigkeit auf kognitiv gespeicherte Informationen entsteht und weitgehend unabhängig von der Intelligenz oder Bildung der Befragten entsteht. In unserem Forschungsprojekt wurde dazu je eine Frage zur Konfessionszugehörigkeit, zum Geburtsjahr sowie zu einer evtl. vorhandenen, vegetarischen Ernährungsweise (ja/nein) benutzt. Die Anzahl der verwendeten Mess-Items wurde auf insgesamt drei Items beschränkt, um nicht schon bei der Bestimmung von Basisgeschwindigkeiten größere Fallzahlen aufgrund fehlender Messwerte (nach outlier- und Interviewervalidierungs-Maßnahmen, s.o.) aus der Analyse ausschließen zu müssen. Die im Kontext von BG-a-Analysen ermittelten Reaktionszeiten sollten im Durchschnitt kürzer sein als Geschwindigkeitsmessungen, die „schwere" Fragen benutzen (BG-b). Zudem sollten sie stärker durch Interviewereffekte (die insbesondere durch variierende Reaktionszeiten bei der Durchführung der Befragung entstehen) beeinflusst sein.

Im Gegensatz zur Ermittlung von BG-a (vgl. Abb. 10) werden für die Bestimmung der Basisgeschwindigkeit BG-b nur „schwere" Fragen benutzt. Diese sollten, genauso wie die BG-a-Fragen, in keiner Beziehung zu analytisch oder theoretisch interessierenden Variablen stehen und auch ansonsten alle anderen, oben angeführten Kriterien erfüllen. In unserem Forschungsprojekt entstammten die diesbezüglichen Items einer Selbstwirksamkeitsskala (1 Item), einer Skala des Bedürfnisses nach sozialer Anerkennung (1 Item) und einer Skala zur Tendenz heuristischen Prozessierens (1 Item). Auch hier wurden zur Vermeidung größerer Befragtenausfälle wieder nur drei Items für die Messung der Basisgeschwindigkeit eingesetzt. Alle drei Items zielen nicht auf direkt abrufbare Informationen. Stattdessen veranlassen sie die Befragten zu Prozessen der Selbstreflexion. Deshalb können diese Items als „schwer" eingestuft werden.

Mit dem Basisgeschwindigkeitsmaß BG-c wird versucht, ein BG-Maß zu erstellen, das Reaktionszeiten zu möglichst vielen Fragen berücksichtigt und gleichzeitig das oben erläuterte Tautologieproblem vermeidet. In unserem Projekt wurde die BG-c aus insgesamt 21 selbstständigen Reaktionszeiten berechnet, die alle nicht zur späteren Kalkulation von „target latencies" herangezogen wurden. Durch die Kombination von BG-a- und BG-b-Fragen werden dem derart gebildeten BG-c-Maß auch viele Eigenschaften der BG-a- und BG-b-Maße übertragen. Deshalb ist auch zu erwarten, dass bei dem „leichten" Frageteil von BG-c-Maßen signifikante Interviewereffekte die Reaktionszeitmessungen beeinflussen, denn bei leichten Fragen und schnellem Antworten fällt die Reaktionszeit der Interviewer stärker ins Gewicht als bei schweren Fragen. Bei „schweren" Selbstreflektionsfragen sollten hingegen insbesondere Bildungs- und Intelligenzeffekte die Reaktionszeiten von BG-c beeinflussen können. Zu erinnern ist bei BG-c-Messungen allerdings auch daran, dass aufgrund der erhöhten Anzahl auszuwertender Frage-Items und je nach Einsatz von Interviewervalidierung und/oder outlier-Bereinigung die Anzahl von Fällen mit vollständig auszuwertenden Messungen durchaus sehr niedrig ausfallen kann (s.u.).

Nachfolgend werden einige empirische Informationen über die in unserer Studie berechneten BG-Maße vorgestellt (vgl. Tabelle 3). Dabei werden die berechneten Kennzahlen nach drei Fallgruppen unterschieden. Sie werden berichtet für outlier-bereinigte Basisgeschwindigkeiten (a), für interviewervalidierte Basisgeschwindigkeiten (b), und für Basisgeschwindigkeiten, die sowohl outlierbereinigt als auch interviewer-validiert wurden (c).

Tabelle 3: Deskriptive Kennwerte verschiedener Berechnungen von Basisgeschwindigkeit (in Hundertstelsekunden)

	outlier-bereinigt			interviewervalidiert [23]		outlier-bereinigt und interviewervalidiert [23]	
	BG-a	BG-b	BG-c	BG-a	BG-b	BG-a	BG-b
N	1849	1826	1326	1564	1738	1432	1584
mean	105,5	182,0	159,8	109,8	201,8	99,8	176,1
stddev	39	77,8	51,5	50,6	119,5	32,8	72,6
Median	100,7	168,3	156,3	100,7	173,0	95,3	165,0
Kurtosis	0,4	0,1	-0,1	18,6	11,9	-0,01	0,4
Schiefe	0,7	0,7	0,3	2,8	2,6	0,5	0,7

Deutlich wird nach Tabelle 3, dass (wie erwartet) nur bei einer outlier-Bereinigung (nicht aber bei einer reinen Interviewervalidierung) eine annähernde Normalverteilung der Messwerte zu erreichen ist. Zudem ist leicht zu erkennen, dass eine Interviewervalidierung die Fallzahlen stärker reduziert als eine outlier-Behandlung. Die Kombination von beiden Verfahren erbringt die stärksten Fallzahlreduktionen. Überraschend ist in diesem Zusammenhang, dass die Interviewer bei Verwendung „einfacher" Fragen (BG-a) mehr ungültige Reaktionszeitmessungen berichten als bei „schweren" Fragen (BG-b). Dass aber zur Berechnung von BG-a tatsächlich kognitiv weniger aufwändige Items eingesetzt wurden als für die Ermittlung von BG-b ist an den mittleren Reaktionszeiten abzulesen (mean wie Median): in allen Fällen ist die BG-a (wie erwartet) deutlich schneller als die BG-b.

Folgende empirische Kriterien können für die Auswahl von Frage-Items zur Erstellung eines Basisgeschwindigkeitsmaßes angewendet werden:

1. die Items sollten im Mittel (Median) ähnlich lange Reaktionszeiten aufweisen (damit würde auch ein ähnlich hoher „Schwierigkeitsgrad" der Items indiziert werden);
2. zwischen den RZ der Items sollten signifikant moderate Inter-Item-Korrelationen bestehen;

---

[23] Die Basisgeschwindigkeit BG-c wird nur für die rein outlier-bereinigten Antwortreaktionszeiten berichtet (und auch so für die folgenden Analysen weiterverwendet), da bei zusätzlichem Ausschluss von Fällen, bei denen mindestens eine Reaktionszeitmessung vom Interviewer als ungültig ausgewiesen wurde, die Fallzahl auf ca. 500 Fälle und weniger sinkt. Dies entspricht einer Reduktion der ursprünglichen Stichprobengröße um mindestens 75% und kann nicht mehr akzeptiert werden.

3. bei der Konstruktion von BG-a bzw. BG-b sollten die RZ der Items eines jeden Maßes möglichst nur auf einem Faktor einer Hauptkomponentenanalyse laden;
4. jedes Item sollte möglichst wenige ungültige RZ-Werte (missing values) aufweisen.

Bei unserer Messung der BGs mit den oben genannten Frage-Items waren diese Kriterien erfüllt. Die entsprechenden Faktorladungen (Hauptkomponentenanalyse) liegen zwischen 0,6 und 0,7 auf einem gemeinsamen Faktor (bei BG-a und bei BG-b; bei BG-c laden die RZ der Items auf insgesamt drei Faktoren, was angesichts der hohen Variablenanzahl nicht überraschend ist). Die Inter-Item-Korrelationen sind allesamt hoch signifikant ($p \leq 0,01$) auf schwachem bis moderatem Niveau (im Bereich von $r=0,10$ bis $r=0,45$ für outlier-bereinigte Reaktionszeiten).

Da, wie zuvor angesprochen, Basisgeschwindigkeiten sowohl von individuellen Befragtenmerkmalen, wie z.B. Alter, Geschlecht, Bildung, sowie von den Werten für einen Need-for-Cognition[24], aber auch von Interviewereffekten und dem Design des Messinstruments (z.B. in Form von Speed-Accuracy-Anweisungen) beeinflusst werden, können Regressionsanalysen zur Kriteriumsvalidierung von BG-Maßen eingesetzt werden. Denn damit können die Signifikanzen und Stärken der genannten Effekte geschätzt werden. In der nachfolgenden Tabelle 4 werden die Ergebnisse solcher OLS-Regressionen mit den outlier-bereinigten BG-Maßen als Kriteriumsvariable berichtet.[25]

Die Regressionsschätzungen erbringen folgende Ergebnisse: Die "unaufwändige" Basisgeschwindigkeit BG-a hängt hoch signifikant vom Alter und Geschlecht der befragten Personen ab (vgl. Tab. 4). Zudem können bei 22 von insgesamt 62 Interviewern signifikante Effekte ermittelt werden. Von Bildung, Need for Cognition, chronischer Krankheit und Speed-Accuracy-Anweisungen geht hingegen kein signifikanter Effekt aus. Daraus kann geschlossen werden, dass die BG-a tatsächlich nur basale physisch-mentale Prozesse misst (im Unterschied zu BG-b und BG-c). In den Schätzungen für BG-b und BG-c besteht zwar

---

[24] Dieses Konstrukt drückt einen individuellen Antrieb aus, über Sachverhalte generell unbedingt nachdenken zu wollen.

[25] Um einen Vergleich zwischen allen drei BG-Maßen zu ermöglichen, werden nur die Ergebnisse für "rein outlier-bereinigte" Reaktionszeiten berichtet. Diese unterschieden sich nur dadurch von den Schätzungen mit den zusätzlich interviewervalidierten Reaktionszeiten, dass der Bildungseffekt bei BG-b verschwindet. Für alle Regressionsschätzungen konnten Residuenanalysen zeigen, dass die BLUE-Eigenschaften der OLS-Regression erfüllt sind (vgl. hierzu Urban/Mayerl 2006).

weiterhin ein Alterseffekt, aber kein Geschlechtseffekt mehr. Zusätzlich gehen dort von der Bildung sowie den Interviewinstruktionen signifikante Effekte aus. Und im Fall von BG-b hat zusätzlich auch das psychologische Konstrukt „Need for Cognition" einen signifikanten Effekt. Auch diese Ergebnisse waren analytisch zu erwarten: Aufwändigere Basisgeschwindigkeitsmessungen werden u.a. von Faktoren wie Bildung oder Interviewinstruktionen beeinflusst. Demgegenüber gibt es bei BG-b und BG-c deutlich weniger Interviewereffekte als bei BG-a. Die unaufwändig gemessene Basisgeschwindigkeit kann demnach deutlich stärker von Interviewern beeinflusst werden als die übrigen BG-Maße. Wir interpretieren diese Ergebnisse als Ausdruck einer gelungenen Kriteriumsvalidierung für alle drei BG-Maße.

Tabelle 4:   Regressionsschätzungen mit outlier-bereinigten Basisgeschwindigkeitsmaßen (gemessen in Hundertstelsekunden).

X-Variable	Y: Basisgeschwindigkeit (outlier-bereinigt)		
	BG-a (N=1791)	BG-b (N=1771)	BG-c (N=1291)
chronisch krank (0/ 1=ja)	n.s.	n.s.	n.s.
Alter (in Jahren)	0,20/ 0,08 **	0,65/ 0,13 **	0,41/ 0,13 **
Abitur (0/ 1=ja)	n.s.	10,16/ 0,06 *	7,36/ 0,07 *
kein Abschluss/ Hauptschule (0/ 1=ja)	n.s.	n.s.	n.s.
Geschlecht (0/ 1=w)	-8,05/ -0,102 **	n.s.	n.s.
Anweisung: Speed & Accuracy (0/ 1=ja)	n.s.	-18,85/ -0,12 **	-21,10/ -0,20 **
Anweisung: nur Speed (0/ 1=ja)	n.s.	-24,26/ -0,11 **	-21,94/ -0,14 **
Anweisung: nur Accuracy (0/ 1=ja)	n.s.	n.s.	n.s.
Interviewer (Dummies)	22 signifikante Interviewereffekte	13 signifikante Interviewereffekte	13 signifikante Interviewereffekte
Need for Cognition (1 Item; 5er-Rating-Skala)	n.s.	4,19/ 0,06 *	n.s.
R^2	0,22	0,15	0,26

** $p \leq 0{,}01$; * $p \leq 0{,}05$; n.s.: $p>0{,}1$; unstandardisierte Effekte / standardisierte Effekte;
Referenzkategorien: Bildung: Realschulabschluss; Interviewinstruktion: keine Anweisung;
Es wurden zudem nur Interviewer berücksichtigt, die mindestens 10 Interviews durchführten.

Die Ergebnisse der Regressionsschätzungen (Tabelle 4) belegen nicht nur eine gelungene Kriteriumsvalidierung. Sie liefern auch empirische Argumente für die oben angesprochene Vermutung, dass in einer RZ-Analyse, in der die Basisgeschwindigkeiten kontrolliert bzw. konstant gehalten werden, auch Befragten- und Erhebungsmerkmale kontrolliert werden können. Denn immerhin machen diese Merkmale ca. 15% bis 26% der Varianz der Basisgeschwindigkeit aus (vgl. Tab. 4). Und damit erhält auch das oben angesprochene Modell der Basisgeschwindigkeit, nach dem die BG wesentlich von systematischen individuellen Befragtenmerkmalen und systematischen Interviewerunterschieden bestimmt wird, einige empirische Evidenz.

Die Ergebnisse der Regressionsschätzungen zeigen aber auch, dass sich die BG-Maße hinsichtlich ihrer Bestimmungsfaktoren z.T. erheblich unterscheiden. Deshalb ist eine Entscheidung für ein bestimmtes BG-Maß immer auch eine Entscheidung darüber, *welche* Störfaktoren in einer RZ-Analyse kontrolliert werden sollen. Darüber muss der Anwender von RZ-Analysen entsprechend seines Untersuchungsziels entscheiden. Hier kann keine generelle Empfehlung für das eine oder andere BG-Maß ausgesprochen werden. Denn ist man z.B. an Effekten von Interviewinstruktionen, der allgemeinen Schulbildung oder eines „Need for Cognition" interessiert, so könnte man die unaufwändige BG-a bevorzugen. Wenn es in einer Analyse aber sinnvoll ist, gerade diese Effekte zu kontrollieren, sollte man eher die BG-b oder die BG-c einsetzen. Dabei hätte die BG-b im Vergleich zur BG-c den Vorteil, dass bei diesem Maß zusätzlich auch die Interviewervalidierungen berücksichtigt werden können (wenn es die Fallzahlen zulassen), sodass wir tendenziell eher zur Anwendung von BG-b raten würden.

Die Interkorrelationen (Pearsons r) zwischen den drei BG-Maßen sind in unserem Datensatz allesamt hoch signifikant ($p \leq 0{,}01$) und liegen je nach outlier-Bereinigung und/oder Interviewervalidierung, auf einem substanziell bedeutsamen Niveau (ca. $r=0{,}2$ bis $r=0{,}5$). Die Korrelation zwischen BG-b und BG-c hat sogar einen Wert von $r=0{,}75$.

III.2.2.2 Konstruktion und Analyse von Latenzzeitmaßen

In jeder RZ-Analyse sollte nach Ermittlung der Basisgeschwindigkeiten eine statistische Bereinigung der gemessenen Reaktionszeiten vorgenommen werden, um so zu jedem Frage-Item die gesuchte „target latency" zu erhalten. Dazu ist eine statistische Transformation der „rohen" Reaktionszeiten auszuführen.

In der Literatur werden unterschiedliche statistische Transformationsverfahren zur Kontrolle der Basisgeschwindigkeit diskutiert. So schlägt Fazio (1990b) drei alternative Indizes zur Kontrolle der Basisgeschwindigkeit vor: den Difference Score Index, den Ratio Index und den Z-Score Index. Im Unterschied zu den rohen Reaktionszeiten sollen diese Indizes – so die Zielsetzung – nicht mehr mit der Basisgeschwindigkeit kovariieren (Fazio 1990b).[26] Die folgende Abbildung 11 zeigt die Transformationsvarianten nach Fazio im Überblick.

Abbildung 11: Latenzzeit-Indizes zur Kontrolle der Basisgeschwindigkeit (BG) nach Fazio (1990b)

Difference Score Index: $LZ = RZ - BG$

Ratio Index: $LZ = RZ / (RZ + BG)$

Z-Score Index: $LZ = (RZ - BG) / (SD_{BG})$

Abkürzungen:
LZ = Latenzzeit; RZ = rohe Reaktionszeit; BG = Basisgeschwindigkeit; SD = Standardabweichung

---

[26] Einen weiteren Transformationsindex, den sog. Rate-Amount Index, schlägt Mayerl (2003) vor: „$LZ = RZ \times BG /$ (mean aller BG)". Im Unterschied zu den Indizes nach Fazio (1990b) beruht der Rate-Amount Index nicht auf einem additiven Modell der Komponenten von Antwortreaktionszeit, sondern auf einem multiplikativen Modell. Pate standen dafür die in der Psychologie diskutierten multiplikativen Rate-Amount Modelle (vgl. Faust et al. 1999), die die Antwortreaktionszeit als das Verhältnis von Informationsverarbeitungsmenge und kognitiver Prozessrate modellieren (RZ = Informationsprozessmenge / Prozessrate). Die kognitive Prozessrate kann nach Mayerl (2003) ermittelt werden, indem die berechnete individuelle Basisgeschwindigkeit in das Verhältnis zur durchschnittlichen Basisgeschwindigkeit über alle Befragten hinweg gesetzt wird (Prozessrate = (mean aller BG) / BG). Soll, was die Regel ist, die Prozessrate kontrolliert werden, so kann der Transformationsindex berechnet werden, indem die Rate-Amount-Gleichung nach der Informationsprozessmenge aufgelöst wird (s.o.). Empirisch zeigte sich nach Mayerl (2003), dass der Rate-Amount Index die Basisgeschwindigkeit in gleichem Ausmaß kontrollieren kann wie die Indizes nach Fazio (1990b).

Der *Difference Score Index* beruht auf einer einfachen Logik: Besteht die Antwortreaktionszeit aus mehreren additiven Komponenten, so wird durch Subtraktion einer unerwünschten Komponente (hier: des Störeffekts „Basisgeschwindigkeit") eine Bereinigung der RZ von diesem Störeffekt erreicht. Der Difference Score Index nimmt einen negativen Wert an, wenn die Antwortreaktionszeit kürzer als die Basisgeschwindigkeit ist. In mehreren Studien wurde der Difference Score Index bereits erfolgreich eingesetzt (z.b. Bassili 1993; Fabrigar et al. 1998; Fazio et al. 1984; Fazio/Dunton 1997; Kokkinaki/Lunt 1999; Mayerl 2003; Stocké 2001, 2002c).

Während der Difference Score Index in der Skalierung bei Millisekunden verbleibt (auch wenn er negative Werte annehmen kann), transformiert der *Ratio Index* die Skala in einen Wertebereich von 0 bis 1, wobei ein Wert von 0,5 indiziert, dass die „rohe" Reaktionszeit genau der Basisgeschwindigkeit entspricht. Bei Werten über 0,5 ist die Reaktionszeit langsamer als die Basisgeschwindigkeit, und bei Werten unter 0,5 entsprechend schneller. Während zwei Personen mit unterschiedlich langer Basisgeschwindigkeit den gleichen Differenzwert aufweisen können (z.b. 400-200=200 und 1000-800=200; 200-400=-200 und 800-1000=-200), werden sich diese Personen beim Ratio Index unterscheiden: Der Ratio Index nimmt bei gleichem Differenzwert mit zunehmender Reaktionszeit und zunehmender Basisgeschwindigkeit auch Werte nahe 0,5 an (z.b. 400/(400+200)=0,66 und 1000/(1000+800)=0,55; 200/(200+400) =0,33 und 800/(800+1000)=0,44). Nach der Logik des Ratio Index fällt dieselbe Differenz zwischen Reaktionszeit und Basisgeschwindigkeit (z.b. in ms gemessen) bei langen Reaktionszeiten weniger ins Gewicht als bei kurzen Reaktionszeiten, was der Difference Score Index nicht berücksichtigt. Auch der Ratio Index wurde bereits empirisch eingesetzt (Houston/Fazio 1989; Mayerl 2003).

Der *Z-Score* Index berücksichtigt im Gegensatz zu den beiden bislang vorgestellten Indices neben der mittleren Basisgeschwindigkeit auch deren Standardabweichung. Der Z-Score Index weist jedoch kein arithmetisches Mittel von 0 und auch keine Standardabweichung von 1 auf und darf insofern nicht mit einer herkömmlichen Z-Standardisierung verglichen werden. Der Z-Score Index gibt allein die Differenz zwischen Reaktionszeit und Basisgeschwindigkeit in den Einheiten „Standardabweichung der Basisgeschwindigkeit" an. Seine Metrik liegt insofern zwischen minus und plus unendlich. Für eine weitgehend verzerrungsfreie Schätzung der RZ-Standardabweichung empfiehlt Fazio (1990b), möglichst viele „filler latencies" zu messen. Allerdings kann dadurch leicht die in Abschnitt III.2.2.1 beschriebene Fallzahlproblematik entstehen. Der Z-Score Index wurde ebenfalls bereits mehrfach angewendet (Fazio 1990b; Fazio/Powell/ Williams 1989; Fazio/Powell 1997; Mayerl 2003).

Ein weiteres, bereinigtes LZ-Maß lässt sich durch Anwendung einer einfachen OLS-Regressionsschätzung berechnen (vgl. ausführlich Mayerl/Urban/Sellke 2005). Dazu ist die folgende Regressionsgleichung zu schätzen:

Y = a + b X + U
mit Y: rohe Reaktionszeit, die bereinigt werden soll
X: Basisgeschwindigkeit
U: Residualzeit

Bei einer Regression der rohen Reaktionszeit auf die Basisgeschwindigkeit berichten die Residuen denjenigen Anteil der Reaktionszeit, der linear unabhängig von der Basisgeschwindigkeit ist. Werden also in einem EDV-Statistikprogramm (z.B. in SPSS) die Residuen als neue Variable abgespeichert, so kann diese Variable als bereinigtes LZ-Maß verwendet werden. In Anschluss an die von Fazio benutzte Begriffslogik wollen wir dieses Maß „Residual-Index" nennen.

Abbildung 12: Residual-Index (hier exemplarisch für 12 Befragte dargestellt)

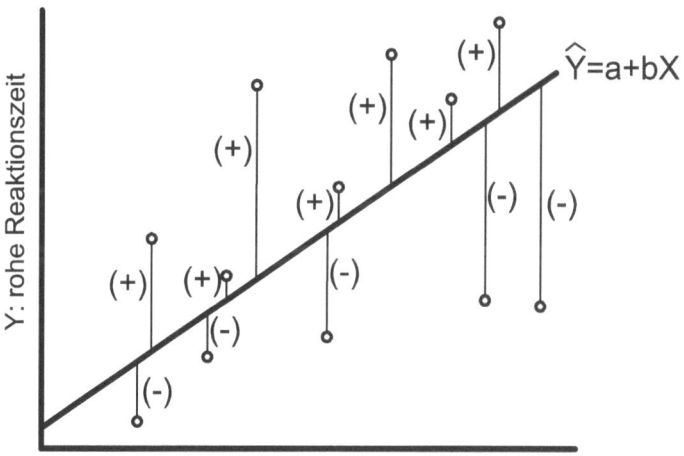

Die Logik des Residual-Indexes wird in der Abbildung 12 verdeutlicht. Jeder Punkt zwischen den Koordinaten markiert dort einen Befragten mit einer bestimmten, „rohen" Reaktionszeit und einer bestimmten, persönlichen Basisgeschwindigkeit. Die Reaktionszeiten und Basisgeschwindigkeiten aller 12 Befragten sind in einem Ausmaß, das statistisch geschätzt werden muss, linear voneinander abhängig. Die Lage der Regressionsgeraden veranschaulicht das Ausmaß dieser statistisch geschätzten, linearen Abhängigkeit. Die Differenzen zwischen den empirisch beobachteten RZ-Werten (in Abb. 12 als Punkte dargestellt) und den mittels Linearfunktion in Abhängigkeit von den Basiszeiten geschätzten RZ-Werten (die in Abb. 12 immer auf der Regressionsgerden liegen) werden in der Abbildung als senkrechte Linien dargestellt. Dies sind die Residualzeiten, die in ihrem Ausmaß nicht durch Lineareffekte der Basisgeschwindigkeit bestimmt werden. Pro Befragtem gibt es also einen Residuenwert bzw. eine Residualzeit, der/die nichts anderes ist als die Abweichung des durch die Regressionsgleichung geschätzten $\hat{Y}$-Wertes (bzw. des geschätzten RZ-Wertes) vom beobachteten Y-Wert (bzw. vom empirisch bebachteten RZ-Wert). Der Residual-Index-Wert für jeden Befragten ergibt sich also durch Berechnung von :

$$\begin{aligned} \text{RES-INDEX} &= Y - \hat{Y} \\ &= Y - (a + b\,X) = Y - a - b\,X \end{aligned}$$

Mit der hier gezeigten Differenzbildung und Ergebnissen einer Regressionsschätzung kann jede rohe Reaktionszeit um den in ihr enthaltenen Zeitanteil einer individuell variierenden Basisgeschwindigkeit bereinigt werden. Übertragen auf die Darstellungslogik der Transformationsmaße in Abbildung 11 sieht der Residual-Index dann wie folgt aus:

$$\begin{aligned} \text{LZ} &= \text{RZ} - \hat{Y} \\ &= \text{RZ} - (a + b \times \text{BG}) \\ &= \text{RZ} - a - b \times \text{BG} \end{aligned}$$

Wie sind die Residual-Index-Werte pro Befragten nun zu interpretieren? Positive Residuen indizieren, dass ein Befragter eine längere Reaktionszeit aufweist, als dies aufgrund seiner Basisgeschwindigkeit zu erwarten gewesen ist. Je größer der positive Wert also ist, desto langsamer ist der Befragte bezogen auf die in Abhängigkeit von der Basisgeschwindigkeit geschätzte Reaktionszeit ($\hat{Y}$). Negative Residuen verweisen hingegen darauf, dass ein Befragter eine schnellere Reaktionszeit aufweist, als aufgrund seiner Basisgeschwindigkeit zu erwarten war. Und je größer der negative Wert ist, desto schneller ist die Reaktionszeit im Vergleich zum erwarteten $\hat{Y}$-Wert.

Genau wie die Latenzzeitmaße nach Fazio kann also auch der Residual-Index inhaltlich derart interpretiert werden, dass kleinere Zahlen schnellere Latenzzeiten indizieren (z.B. interpretiert als hohe Einstellungszugänglichkeit) und größere Zahlen auf langsamere Latenzzeiten hinweisen (z.B. interpretiert als geringe Einstellungszugänglichkeit).

Der Residual-Index hat konstruktionsbedingte Vor- und Nachteile. Von Vorteil ist sicherlich, dass der geschätzte, lineare Zusammenhang zwischen roher Reaktionszeit und Basisgeschwindigkeit nahezu vollständig bereinigt wird. Nachteilig ist allerdings, dass der Residualindex nur für einen Vergleich von Werten auf Individualebene einsetzbar ist. Vergleiche zwischen den Werten auf Itemebene können hingegen mit dem Residual-Index nicht durchgeführt werden. Denn die Zeit-Residuen ergeben im arithmetischen Mittel immer Null, gleich welche Reaktionszeitvariable zu welchem Thema auch immer analysiert wird. Schließlich ermittelt die Regressionsschätzung „beste" Schätzwerte, die stets im Zentrum empirisch verteilter Werte liegen. Und das Mittel von Werten, die als Differenzen zum Zentrum einer Verteilung gemessen werden (sog. „zentrierte Werte"), beträgt immer Null.

Als Voraussetzung für die Kalkulierbarkeit des Residual-Index ist, wie bei jeder Regressionsschätzung, die Einhaltung der BLUE-Annahmen zu nennen (vgl. Urban/Mayerl 2006). Dazu gehört unter anderem die Gültigkeit der Linearitätsannahme zur Bestimmung der Abhängigkeitsfunktion zwischen roher Reaktionszeit und Basisgeschwindigkeit – was aber auch für die anderen, oben vorgestellten LZ-Maße gilt.[27]

Welches Latenzzeitmaß (Difference Score Index, Ratio Index, Z-Score Index oder Residual-Index) sollte nun aber für eine RZ-Analyse verwendet werden? Um darüber entscheiden, sind bestimmt empirische Informationen notwendig. Wie man diese gewinnt, soll im Folgenden anhand von zwei statistischen Auswertungen gezeigt werden. Dazu werden zunächst verschiedene Deskriptivstatistiken zur Beschreibung von LZ-Verteilungen untersucht. Und sodann wird untersucht, wie erfolgreich verschiedene Latenzzeitmaße bei der empirischen Bereinigung von Basisgeschwindigkeitseffekten sind. Für unsere Darstellung werden beide Untersuchungen exemplarisch mit den „target latencies" von Frage-Items zu Einstellungen bezüglich eines gesundheitsbewussten Ernährungsverhaltens

---

[27] Eine Analyse der Residuenstreudiagramme mit Loess-Kurve zeigt, dass in unserem Beispiel keine grobe Verletzung der Linearitätsannahme besteht. Sollte bei Reaktionszeitstudien ein eindeutig nichtlinearer Zusammenhang bestehen, so ist zu empfehlen, die Basisgeschwindigkeitsbereinigung getrennt für Subgruppen durchzuführen – z.B. mittels Tertil-Split der Basisgeschwindigkeit (vgl. Urban/Mayerl 2006: Kap. 4.3 zur Bestimmung und Bereinigung von Nichtlinearität bei OLS-Regressionsanalysen).

sowie bezüglich individuellen Geldspendeverhaltens (adressiert an Hilfsorganisationen) durchgeführt.

Zu den beiden hier ausgewählten latenten Konstrukten (zwei Verhaltenseinstellungen: „VE Spenden" und „VE Ernährung") wurden in einer Befragung jeweils vier Frage-Items in Statement-Form mit entsprechenden Rating-Skalen eingesetzt. Auf diese Weise konnten die „rohen" Reaktionszeiten (RZ) für die vier Frage-Items eines jeden Konstrukts ermittelt werden. Im Folgenden sollen die daraus abgeleitenden Latenzzeiten im Bereich beider Konstrukte in Form des Z-Score Index, Difference Score Index, Ratio Index und des Residual-Index analysiert werden. Alle diese Indizes wurden in vier Schritten erstellt:

1. Zunächst wurden die Reaktionszeiten für jedes BG-Frage-Items und für jedes LZ-Frage-Item um Ausreißerwerte (outliers) und/oder interviewervalidierte ungültige Reaktionszeitmessungen durch Fallausschluss bereinigt.
2. Dann wurden die BG-Maße als mean der bereinigten Reaktionszeiten der jeweiligen BG-Frage-Items erstellt (vgl. Abschnitt III.2.2.1).
3. Im Anschluss wurden die Antwortzeiten der jeweils vier Verhaltenseinstellungsfragen unter Verwendung von Basisgeschwindigkeitsmaßen (BG-a, BG-b, BG-c) in Latenzzeitmaße umgerechnet (Z-Score Index, Difference Score Index, Ratio Index, Residual-Index), wozu die oben vorgestellten Transformationen benutzt wurden.
4. Als Letztes wurde für jedes der beiden VE-Konstrukte ein Latenzzeitindex ermittelt, indem das arithmetische Mittel der unter (3.) berechneten, jeweils vier Latenzzeiten gebildet wurde.

In einer ersten Auswertung der LZ-Maße, die nach dem oben beschriebenen Vorgehen gebildet wurden, soll ein Blick auf verschiedene deskriptive Statistiken zur Charakterisierung der empirischen Verteilung von Latenzzeitmaßen geworfen werden. Da allerdings bei vier Latenzzeitmaßen (Difference Socre, Ratio Index, Z-Score Index und Residual-Index) in Kombination mit drei BG-Maßen (BG-a, BG-b und BG-c) und drei verschiedenen Datenbehandlungsverfahren (nur outlier-Ausschluss, nur interviewervalidiert und beides gemeinsam) die Anzahl der Verteilungen und damit auch die Anzahl beschreibender Statistik-Kennzahlen extrem anwächst (insgesamt ergeben sich 36 unterschiedliche Häufigkeitsverteilungen), werden wir hier nur die wichtigsten Verteilungsmerkmale aller Latenzzeitmaße kurz berichten:

ad: Verteilung (Schiefe und Kurtosis): Die Verteilungen aller Maße mit outlierbereinigten Werten sind leicht rechtsschief. Ihr Verteilungsmuster entspricht annähernd demjenigen einer Normalverteilung mit Schiefe- und Kurtosis-Werten von ≤ 1,5 (in Ausnahmefällen ≤ 2,0). Die rein interviewervalidierten Daten weisen jedoch nicht-akzeptable Verstöße gegen das Normalverteilungsmodell auf (zumeist mit Schiefe- und Kurtosis-Werten über 3,0, z.T. sogar über 10). Eine Besonderheit scheint in diesem Zusammenhang der Z-Score Index darzustellen. Die Verteilungen seiner Werte weichen unabhängig vom gewählten Bereinigungsverfahren in jedem Falle extrem vom Normalverteilungsmuster ab

ad: Mittelwerte und Varianzen: Hinsichtlich der durchschnittlichen Länge der Latenzzeiten (Median, arithmetisches Mittel) macht es keinen Unterschied, ob sie interviewer-validiert und/oder outlier-bereinigt wurden. Allerdings zeigt sich anhand der Standardabweichungen und der Minimum-Maximum-Statistiken, dass rein interviewervalidierte Daten eine deutlich größere Streuung aufweisen und einen größeren Wertebereich abdecken, was auch heißt, dass die Interviewervalidierung alleine nicht dafür sorgen kann, dass alle outlier identifiziert und ausgeschlossen werden können.

Aus diesen Beobachtungen folgen zwei Empfehlungen. Erstens: alle Latenzzeiten sollten um outlier bereinigt werden. Zweitens: der Z-Score Index sollte dann vermieden werden, wenn ein statistisches Analyseverfahren annähernd normalverteilte Werte voraussetzt (der Z-Score Index verstößt so stark gegen Normalverteilungsannahmen, dass sogar eine nachträgliche Logarithmierung daran nichts mehr ändern kann).

Die zweite und inhaltlich wichtigere Analyse der LZ-Maße soll klären, ob die Bereinigung der gemessenen Reaktionszeiten um die darin enthaltenen Basisgeschwindigkeitsanteile mittels der hier vorgestellten Verfahren erfolgreich gelingen kann. Dazu muss zunächst nachgewiesen werden, dass vor der Bereinigung eine signifikante Kovarianz zwischen roher Reaktionszeit und Basisgeschwindigkeit besteht. Denn nur dann besteht überhaupt eine Notwendigkeit für eine Bereinigung, mit der „rohe" Reaktionszeiten in Latenzzeiten transformiert werden können. Daran anschließend kann dann überprüft werden, ob die berechneten Latenzzeiten, so wie angenommen, tatsächlich keine signifikanten Kovarianzen mit den Basisgeschwindigkeiten mehr aufweisen, oder zumindest nur noch in deutlich reduzierter Weise mit den Basisgeschwindigkeiten kovariieren.

Die nachfolgenden Tabellen 5.1 und 5.2 zeigen die empirischen Korrelationen zwischen den rohen Reaktionszeiten sowie den Latenzzeiten einerseits und den verschiedenen Basisgeschwindigkeitsmaßen andererseits in den zwei untersuchten Verhaltensbereichen. Zu vergleichen sind dabei:

1. die Korrelationen, die zwischen Reaktionszeiten und Basiszeiten bestehen, mit denjenigen Korrelationen, die zwischen Latenzzeiten und Basiszeiten bestehen,
2. die Variationen der unter (1.) genannten Korrelationsverhältnisse bei Verwendung unterschiedlicher Latenzzeitmaße,
3. die Variationen der unter (1.) genannten Korrelationsverhältnisse bei Verwendung unterschiedlicher Verfahren der Datenbehandlung (outlierbereinigt und/oder interviewervalidiert).[28]

Tabelle 5.1: Korrelationen zwischen Reaktionszeit/Latenzzeiten und Basisgeschwindigkeiten im VE-Bereich „Ernährung" (für Indizes aus vier Zeit-Indikatoren)

RZ/LZ VE Ernährung	BG-a (alle Daten interviewer-validiert & outlier-bereinigt) (N>1100)	BG-a (alle Daten nur interviewer-validiert) (N>1200)	BG-a (alle Daten nur outlier-bereinigt) (N>1600)	BG-b (alle Daten interviewer-validiert & outlier-bereinigt) (N>1100)	BG-b (alle Daten nur interviewer-validiert) (N>1200)	BG-b (alle Daten nur outlier-bereinigt) (N>1600)	BG-c (alle Daten nur outlier-bereinigt) (N>1200)
„rohe" RZ	*0,26***	*0,21***	*0,25***	*0,50***	*0,51***	*0,47***	*0,54***
Z-Score-Index	-0,25**	-0,25**	-0,31**	-0,24**	-0,19**	-0,25**	-0,12**
Difference-Score Index	-0,13**	-0,13**	-0,16**	-0,37**	-0,35**	-0,35**	-0,01 n.s.
Ratio Index	-0,35**	-0,39**	-0,41**	-0,38**	-0,35**	-0,40**	-0,11**
Residual-Index	-0,02 n.s.	0,01 n.s.	-0,01 n.s.	-0,01 n.s.	-0,01 n.s.	-0,02 n.s.	-0,03 n.s.

**p ≤ 0,01; * p ≤ 0,05; n.s.: p>0,1

---

[28] Mit logarithmierten Reaktions- und Latenzzeiten ergeben sich inhaltlich identische Ergebnisse.

Tabelle 5.2: Korrelationen zwischen Reaktionszeit/Latenzzeiten und Basisgeschwindigkeiten im VE-Bereich „Spenden" (für Indizes aus vier Zeit-Indikatoren)

RZ/LZ VE Spenden	BG-a (alle Daten interviewer-validiert & outlierbereinigt) (N>1000)	BG-a (alle Daten nur interviewer-validiert) (N>1200)	BG-a (alle Daten nur outlierbereinigt) (N>1600)	BG-b (alle Daten interviewer-validiert & outlierbereinigt) (N>1000)	BG-b (alle Daten nur interviewer-validiert) (N>1200)	BG-b (alle Daten nur outlierbereinigt) (N>1600)	BG-c (alle Daten nur outlierbereinigt) (N>1200)
„rohe" RZ	0,24**	0,23**	0,24**	0,45**	0,51**	0,46**	0,57**
Z-Score Index	-0,28**	-0,24**	-0,29**	-0,27**	-0,22**	-0,25**	-0,12**
Difference-Score Index	-0,30**	-0,31**	-0,33**	-0,61**	-0,63**	-0,62**	-0,32**
Ratio Index	-0,40**	-0,42**	-0,43**	-0,42**	-0,39**	-0,43**	-0,07*
Residual-Index	-0,03 n.s.	-0,07*	-0,04 n.s.	-0,03 n.s.	-0,01 n.s.	-0,02 n.s.	-0,02 n.s.

**p ≤ 0,01; * p ≤ 0,05; n.s.: p>0,1

Um zu ermitteln, ob eine Bereinigung der gemessenen Antwortzeiten um die jeweiligen Basisgeschwindigkeiten erforderlich ist, sind die Korrelationen zwischen den unterschiedlichen BG-Maßen und der „rohen" Reaktionszeit zu betrachten. Diese Korrelationen sind nach den Zahlen in Tabelle 5.1 und 5.2 bei allen BG-Maßen hoch signifikant (p ≤ 0,01), sodass hier auf jeden Fall ein Bereinigungsbedarf besteht.[29] In den Tabellen lässt sich auch leicht erkennen, dass die Höhe des jeweiligen Zusammenhangs entscheidend durch das BG-Maß beeinflusst ist. So weist die basale BG-a in beiden Objektbereichen eine relativ schwache Korrelation mit der gemessenen Reaktionszeit auf (r=0,20 bis r=0,26), während die beiden kognitiv aufwändigeren Maße (BG-b und BG-c) moderate bis starke Korrelationen mit RZ aufweisen (r=0,45 bis r=0,57). Dabei liegen die Korrelationen bei BG-c stets noch etwas höher als bei BG-b (was auch unabhängig vom jeweils betrachteten Objektbereich gilt).

Wie stark werden diese Korrelationen nun modifiziert bzw. bereinigt, wenn statt der rohen Reaktionszeiten die bereinigten Latenzzeitmaße in der Berechnung benutzt werden? Das diesbezügliche Ergebnis ist eindeutig: Egal welches Basisgeschwindigkeitsmaß in welchem Objektbereich benutzt wird, stets zeigt der

---

[29] Dies dokumentieren auch andere Reraktionszeit-Studien. So berichtet beispielsweise Mayerl (2003) eine signifikante Korrelation zwischen Basisgeschwindigkeit und „target latency" von ca. r=0,25, bei Fazio et al. (1984) beträgt diese Korrelation r=0,58 und bei Bassili (1995) r=0,16 (alle p ≤ 0,05).

Residual-Index die stärkere Bereinigungswirkung. Zudem weist er als einziges Latenzzeitmaß in beinahe jeder Konstellation (einzige Ausnahme: BG-a, nur interviewervalidiert, Spenden) *nicht-signifikante* Korrelationen mit den Basisgeschwindigkeitsmaßen auf. Fast alle anderen Latenzzeitmaße sind hingegen weiterhin in signifikanten Korrelationen mit der Basisgeschwindigkeit verbunden (einzige Ausnahme: Difference Score Index bei BG-c im Bereich Ernährung).

Wie in den Tabellen 5.1 und 5.2 ausgewiesen wird, sind alle hier erläuterten Korrelationen nunmehr negativ ausgeprägt. Dies ist natürlich ein unerwünschter Effekt der Bereinigung, denn nun sind Personen mit langsamer Basisgeschwindigkeit signifikant schneller in ihrem Antwortverhalten (bei den „target latencies"), was das genaue Gegenteil von dem positiv gerichteten Effekt ist, der bereinigt werden sollte (dies wird auch in der Literatur berichtet, vgl. z.B. Fazio/Williams 1986; Mayerl 2003). Von „Bereinigung" kann folgerichtig bei den drei Latenzzeitmaßen nach Fazio – ganz im Unterschied zum Residual-Index – höchstens insofern gesprochen werden, als mit ihnen die Höhe der hier untersuchten Korrelationen (ungeachtet des Vorzeichens und ungeachtet von Signifikanzen) deutlich reduziert werden kann.[30] Wir wollen deshalb im Folgenden einen Blick auf die Reduktionsleistung der Latenzzeitmaße nach Fazio werfen. Dabei vergleichen wir die Korrelationen zwischen unbereinigter Reaktionszeit und Basisgeschwingkeit mit den Korrelationen zwischen bereinigten Fazio-Maßen und Basisgeschwindigkeit für drei verschiedene Bereinigungsverfahren (BG-a, BG-b, BG-c) und in zwei verschiedenen Verhaltensbereichen (Ernährung, Spenden). Die entsprechenden Korrelationswerte können den Tabellen 5.1 und 5.2 entnommen werden.

- ad BG-a: Lediglich der Difference Score Index zeigt (und dies auch nur im Objektbereich Ernährung) eine gewisse Reduktionsleistung der Korrelation mit der Basisgeschwindigkeit (von ca. r=0,25 auf ca. r=-0,15). Alle anderen Latenzzeiten reduzieren die Korrelation nicht, sondern liegen z.T. sogar höher als die ursprüngliche Korrelation der rohen Reaktionszeit (v.a. der Ratio Index).
- ad BG-b: In beiden Objektbereichen erweist sich der Z-Score Index als einziges Latenzzeitmaß nach Fazio mit einer substanziellen Reduktionswir-

---

[30] Warum werden die Korrelationen negativ? Dies kann der Berechnungslogik der Latenzzeitmaße nach Fazio zugesprochen werden. Besonders deutlich wird dies beim Difference-Score und Z-Score, da in beiden Fällen die Basisgeschwindigkeit von der target latency subtrahiert wird. Je größer nun die individuelle Basisgeschwindig-keit ist, desto kleiner wird der Latenzzeitwert nach der Subtraktion. Offensichtlich reduziert sich dabei die ursprüngliche Korrelation nicht wie angedacht, sondern die Subtraktion führt „über das Ziel hinaus" in eine negative Korrelation.

kung der Korrelation mit der Basisgeschwindigkeit (von ca. r=0,5 auf ca. r=-0,2). Ratio Index und Difference Score Index hingegen zeigen eine deutlich geringere Reduktionsleistung.

- ad BG-c: Überraschenderweise sind die Reduktionsleistungen der Latenzzeitmaße nach Fazio bei BG-c im Vergleich zu BG-a oder BG-b am stärksten. Alle Latenzzeitmaße zeigen dort eine deutliche Reduktion der Korrelation mit der Basisgeschwindigkeit. Allerdings sind die Ergebnisse des Difference Score Index ambivalent: im Objektbereich Ernährung ist der Difference Score Index den anderen Latenzzeiten nach Fazio überlegen (die Korrelation ist sogar nicht-signifikant), während er im Objektbereich Spenden die mit Abstand schlechteste Reduktionsleistung erbringt.
- Zusätzlich ist für alle Latenzzeitmaße nach Fazio festzustellen, dass keine bedeutsamen Unterschiede zwischen den Ergebnissen bei interviewervalidierten und/oder outlier-bereinigten Maßen zu beobachten sind (unabhängig von Objektbereich und Basisgeschwindigkeitsmaß).

Letztlich ist also auch nach diesen Ergebnissen festzuhalten, dass entsprechend unserer Analysen der Residual-Index am deutlichsten von Basisgeschwindigkeitsanteilen bereinigt werden kann und demnach den Latenzzeitmaßen nach Fazio vorzuziehen ist.

Eine alternative Möglichkeit zur Kontrolle der RZ-Analyse um Effekte der Basisgeschwindigkeit besteht darin, die BG als zusätzliche Kontrollvariable in multivariaten Modellen aufzunehmen anstatt die „rohe" Reaktionszeit vor der eigentlichen Analyse in eine „bereinigte" Latenzzeit zu transformieren (z.B. Brömer 1999; Doll/Ajzen 1992; Huckfeldt et al. 1999; Huckfeldt/Sprague 2000; Johnson et al. 2002; Shrum/O'Guinn 1993). Da aber auch in der multivariaten Schätzung die BG-Kontrolle letztlich auf dem Prinzip der Auspartialisierung beruht, unterscheidet sich diese Verfahrenslogik nicht grundsätzlich von der BG-Kontrolle mittels Berechung eines bereinigten Residual-Index. Zudem hat dieses Verfahren den Nachteil, dass dann die Basisgeschwindigkeit nur bei Analysen im Kontext des allgemeinen linearen Schätzmodells als Kontrollvariable eingesetzt werden kann (z.B. in multivariaten Regressionsanalysen), während die oben vorgestellten Latenzzeitmaße universell zu verwenden sind, und z.B. auch als Gruppierungsvariablen in Multi-Gruppen-Analysen dienen können (u.a. zur Durchführung eines Median-Splits: „kurze" versus „lange" Latenzzeitfälle).[31]

---

[31] Eine weitere Variante der Kontrolle von Störeffekten ist die doppelte Z-Standardisierung der Antwortreaktionszeiten. Dieses Verfahren verzichtet auf BG-Bereinigungen. Es erfolgt zunächst eine Z-Standardisierung der Reaktionszeiten entlang aller Items pro Befragten zur Bereinigung individueller Differenzen und sodann eine Z-Standardisierung für jedes Item zur Kontrolle von Item-

III.2.3 Verteilungsprobleme, Aggregation und Indexbildung

Neben der vorgestellten Bereinigung um Basisgeschwindigkeitseffekte werden in der Literatur eine Reihe weiterer statistischer Verfahren zur Behandlung von Antwortlatenzzeiten vorgestellt. Diese können auch, bei Bedarf, nach einer Basisgeschwindigkeitsbereinigung angewendet werden. Sie betreffen vor allem den Umgang mit a) Verteilungsproblemen, b) Aggregationen und c) Indexbildungen.

(ad a: „Umgang mit Verteilungsproblemen") Reaktionszeiten weisen typischerweise eine stark rechtsschiefe Verteilung auf (vgl. Bassili 1996b; Fazio 1990b; Huckfeldt et al. 1999; Johnson et al. 2002; Pachella 1974). Diese ist insbesondere auf wenige extrem lange Reaktionszeiten zurückzuführen, die oben bereits als Ausreißerwerte bzw. outlier bezeichnet wurden. Die extrem rechtsschiefe Verteilung ist vor allem dann ein Problem, wenn statistische Verfahren angewendet werden sollen, die von Normalverteilungsannahmen ausgehen, oder wenn das arithmetische Mittel als Maß der zentralen Tendenz einer Verteilung eingesetzt werden soll.

Die Forschung kennt verschiedene Verfahren, um die Abweichungen von empirischen Häufigkeitsverteilungen vom Muster einer Normalverteilung zu korrigieren bzw. abzumildern. In der RZ-Analyse werden dazu vor allem durch mathematische Transformationen der Latenzzeit eingesetzt. Zu den am häufigsten benutzten Transformationen gehören die Logarithmierung, die reziproke Transformation und die Quadratwurzel-Transformation.

Durch Logarithmierung werden lange Reaktionszeiten unter- und kurze Zeiten übergewichtet, sodass nach der Logarithmierung eine Annäherung von Reaktionszeit-Verteilungen an das Normalverteilungsmodell vorliegen kann. Diese Transformation wird in der Reaktionszeit-Forschung sehr häufig angewendet (vgl. Aarts et al. 1999; Bargh/Chartrand 2000; Brömer 1999; Dehue et al. 1993; Devine et al. 2002; Dodgson/Wood 1998; Fazio 1990b; Freedman/Lips 1996; Hertel/Neuhof et al. 2000; Huckfeldt et al. 1998; Huckfeldt et al. 1999; Johnson

---

Merkmalen über alle Befragten hinweg (vgl. hierzu Fekken/Holden 1994; Holden et al. 1993, 1995; Stricker/Alderton 1999). Ein Problem dieses Verfahrens besteht jedoch darin, dass nicht mehr gezielt Unterschiede zwischen Items oder Befragten kontrolliert werden können (z.B. die Basisgeschwindigkeit).

et al. 2002; Knowles/Condon 1999; Kreuter 2002; Neumann/Strack 2000; Tormala/Petty 2001).[32]

Alternativ kann auch eine reziproke Transformation vorgenommen werden, bei der die empirischen Werte durch ihren Kehrwert ersetzt werden (vgl. Ajzen et al. 1995; Bassili 2003; Doll/Ajzen 1992; Fazio 1990b; Huckfeldt et al. 1999; Kohler/Schneider 1995; Kokkinaki/Lunt 1999; Maio/Olson 1995; Page/Herr 2002; Vasilopoulos et al. 2000; Verplanken et al. 1998; Wasel/Gollwitzer 1997). Je nach Auflösung kann diese Transformation durch Ermittlung der Kehrwerte von 1000/x, 100/x oder 1/x erfolgen (bzw. von 1/(x+1) bei Reaktionszeiten unter einer Sekunde, vgl. Fazio 1990b).

Eine dritte Variante zur Beseitigung von Normalverteilungsabweichungen ist die Ersetzung der empirischen RZ-Werte durch ihre Quadratwurzel, was ähnlich wie beim Logarithmieren die Abstände zwischen kurzen Reaktionszeiten über- und die Abstände zwischen langen Reaktionszeiten untergewichtet (Bargh/Chartrand 2000; Bassili/Krosnick 2000).

Zu bedenken ist bei Anwendung all dieser Verfahren, dass diese einen u.U. schwerwiegenden Eingriff in die Ausprägungen und Verteilungsformen empirischer Daten darstellen. Stets werden dadurch geringe Unterschiede in den Latenzzeiten über- und große Unterschiede unterschätzt. Während dabei die ordinale Rangfolge der Werte erhalten bleibt, werden die Verhältnisrelationen der Latenzzeitwerte nicht unerheblich verändert. Deshalb sollten solche Verfahren mit äußerster Vorsicht eingesetzt werden. Sie sind z.B. nur dann zu rechtfertigen, wenn in der statistischen Analyse nicht das absolute Ausmaß von RZ-Werten untersucht werden soll. Und oftmals können durch mildere Formen der Datentransformation vergleichbare Effekte erzielt werden. Wenn z.B. bei einer OLS-Regressionsanalyse mit RZ-Werten die Residuen der Schätzung nicht normalverteilt sind (was Probleme bei der inferenzstatistischen Interpretation der Resultate erzeugt), reicht u.U. bereits der Ausschluss von outlier-Werten aus, um eine annähernde Normalverteilung der Residuen zu erhalten (vgl. oben in Abschnitt III.2.2.1), sodass mit der outlier-Behandlung sowohl ungültige Werte identifiziert als auch Verteilungsprobleme gelöst werden können.

Alternativ zu den hier angesprochenen Transformationsvarianten werden Reaktionszeiten in der Forschung auch durch Zuordnungsregeln reskaliert, z.B. indem kontinuierliche Werteverteilungen mittels Quartilsaufteilung in 5er-Skalen über-

---

[32] Da manche Latenzzeitmaße negative Werte unter 0 aufweisen und der natürliche Logarithmus dies nicht erlaubt, muss in diesen Fällen vor der Logarithmierung jeder Latenzzeitwert um einem konstanten Wert erhöht werden.

führt werden (Wagner-Menghin 2002). Nachteilig ist dabei, dass durch die Reskalierung die metrische Skalenqualität aufgegeben wird und damit Informationen in erheblichem Umfang verloren gehen.[33]

Eine weitere Möglichkeit, rechtsschiefe Antwortreaktionszeitverteilungen statistisch zu analysieren, besteht darin, diese Schiefe zu belassen und robuste bzw. nichtparametrische statistische Verfahren einzusetzen. So kann z.b. bereits die Verwendung des Median anstatt des arithmetischen Mittels bei Extremgruppenanalysen ausreichen, um Daten trotz ihrer Verteilungsschiefe sinnvoll zu analysieren (vgl. Fazio 1990b; Johnson 2004; Luce 1986; Mulligan et al. 2003).

(ad b: „Aggregationsanalyse") Fazio (1990b) schlägt vor, für Extremgruppenvergleiche von kurzen vs. langen Antwortlatenzzeiten einen Median-Split vorzunehmen. So ließen sich möglicherweise Effekte auf aggregierter Ebene nachweisen, auch wenn auf Individualebene keine Effekte zu beobachten seien. Eine Multigruppenanalyse (kurze versus lange Latenzzeiten) kann insbesondere als Test eines evtl. bestehenden Moderatoreffekts von Latenzzeit eingesetzt werden. Zumeist werden dabei Antwortlatenzzeiten als Indikator der Einstellungszugänglichkeit oder des Elaborationsgrades von Kognitionen verwendet und stärkere Modelleffekte in der Gruppe kurzer Latenzzeiten erwartet. Alternativ zum Extremgruppenvergleich kann die dichotome Latenzzeitvariable auch als Interaktionsvariable in multivariaten Regressionsanalysen eingesetzt werden (Huckfeldt et al. 1999; Johnson et al. 2002). Bei beiden Verfahren ist es natürlich auch möglich, mehr als zwei Gruppen zu unterscheiden und z.B. eine Aufteilung in drei Gruppen mit schnellen, mittleren und langsamen Latenzzeiten vorzunehmen (vgl. Stocké 2002c).

Prinzipiell betrachtet ist eine Aggregation von RZ-Messwerten auf Gruppenebene bzw. die Kategorisierung einer RZ-Gruppenvariable als letzter Datenbehandlungsschritt in allen zuvor vorgestellten Verfahren zur Analyse von Reaktionszeiten möglich.[34]

---

[33] Wagner-Menghin (2002) reskaliert Reaktionszeiten auf einer 5er-Skala, wobei (ohne Begründung) die Kategorie „5" sowohl outliern zugewiesen wird, die extrem kurz (!) sind, als auch solchen, die extrem lang (!) sind. Damit werden extrem kurze Reaktionszeiten als extrem lange Reaktionszeiten behandelt, was unserer Einschätzung nach analytisch nicht zu rechtfertigen ist.

[34] Fazio (1990b) schlägt zudem vor, den Median-Split pro Antwortkategorie durchzuführen, um den Extremitätseffekt, der sich durch schnellere Latenzzeiten an den Polen von Ratingskalen ausweist, zu kontrollieren. Unserer Einschätzung nach sollte hierauf jedoch verzichtet werden, da Extremität und Zugänglichkeit eng zusammenhängen (z.B. Bassili 1996a), sodass eine Bereinigung des Extremitätseffektes auch bedeuten würde, dass ein nicht unerheblicher Varianzanteil in der Latenzzeit kontrolliert würde, der inhaltlich von Interesse ist.

(ad c: „Indexbildung") Als letztes Analyseproblem ist hier noch die Bildung von Latenzzeit-Indices anzusprechen. Eine Indexbildung wird immer dann notwendig, wenn die Latenzzeit eines latenten Konstrukts (z.b. einer Einstellung) ermittelt werden soll, für welche mehrere Indikatoren erhoben wurden. Dann sollte die Latenzzeit des Konstrukts als gemittelter additiver Index aus den Latenzzeiten der entsprechenden Indikatoren gebildet werden. Dieses Verfahren wurde bereits im Beispiel in Abschnitt III.2.2.2 angewendet (für die beiden latenten Konstrukte „VE Ernährung" und „VE Spenden"). Alternativ zur Berechnung eines Latenzzeit-Index kann auch die Modellierung und Schätzung eines Latenzzeit-Konstrukts im Kontext von Strukturgleichungsanalysen durchgeführt werden (vgl. Urban/Mayerl/Sellke 2007).

III.2.4   Empfehlungen zur Datenbehandlung

Bevor wir im folgenden Kapitel einige empirische Anwendungen von Latenzzeit-Analysen vorstellen werden, sollen unsere Empfehlungen zur Behandlung von Reaktionszeit-Daten noch einmal in zusammengefasster Form beschrieben werden. Wir gehen dabei insbesondere auf die folgenden drei Fragen ein:

1. Sollen in RZ-Analysen outlier-bereinigte und/oder interviewer-validierte Zeitmessungen verwendet werden?
2. Welches Basisgeschwindigkeitsmaß soll in RZ-Analysen benutzt werden?
3. Welches Latenzzeitmaß soll in RZ-Analysen eingesetzt werden?

ad 1.) RZ-Analysen sollten vor allem dann mit outlier-bereinigten *und* zugleich interviewer-validierten Daten durchgeführt werden, wenn die Gültigkeit von Latenzzeitwerten einen besonders hohen Stellenwert in den Untersuchungen einnehmen soll. Rein outlier-bereinigte Daten werden hingegen empfohlen, wenn eine möglichst geringe Reduktion der zu analysierenden Fallzahlen sichergestellt werden soll. Demgegenüber sind rein interviewer-validierte Daten ohne outlier-Bereinigung nicht zu empfehlen, da dadurch extreme Ausreißer-Werte im Datensatz verbleiben und somit auch die RZ-Verteilungen am deutlichsten gegen Normalverteilungsannahmen verstoßen werden. Auch generell betrachtet bietet die Analyse rein interviewer-validierter Daten keinerlei empirisch nachzuweisende Vorteile gegenüber Untersuchungen mit outlier-bereinigten Daten.

ad 2.) Zur Bereinigung von RZ-Messungen um individuelle und methodische Störeffekte muss ein Basisgeschwindigkeitsmaß eingesetzt werden. Wir können diesbezüglich keine generelle Empfehlung für eine „unaufwändige" (BG-a) oder

„aufwändige" (BG-b) Basisgeschwindigkeitskalkulation geben (auch nicht für eine Kombination aus beiden: BG-c). Denn die Entscheidung zwischen BG-a einerseits und BG-b/BG-c andererseits ist auch eine konzeptionelle Entscheidung darüber, ob die Bereinigung auch Effekte von Bildung und Interviewanweisungen betreffen soll (BG-b, BG-c) oder nicht (BG-a). Es ist jedoch auf jeden Fall dann von BG-c abzuraten, wenn Fallzahlprobleme eine sinnvolle Analyse gefährden könnten. Ein Einsatz von BG-a kann immer dann in Betracht gezogen werden, wenn in einer Studie keine „aufwändigen" Indikatoren gemessen wurden (sog. „filler latencies", die ausschließlich zur Identifikation der Basisgeschwindigkeit und nicht zur Analyse inhaltlich interessierender Themen erhoben wurden). Dann kann BG-a verwendet werden und die Reaktionszeiten von soziodemographischen Fragen, die fast in jeder sozialwissenschaftlichen Umfrage gestellt werden, können zur Berechnung der BG benutzt werden.

ad 3.) Zur Durchführung der RZ-Bereinigung unter Verwendung von BG-Maßen empfehlen wir die Berechnung des Residual-Index, da dieser unter allen hier getesteten Umständen (verschiedene BG-Maße in Kombination mit verschiedenen Ausreißer-Identifikationen) die im Vergleich mit allen anderen LZ-Maßen besten statistischen Testwerte errreichte (vor allem weil die Residual-Indexwerte am schwächsten mit allen BG-Maßen korrelieren). Wenn jedoch RZ-Untersuchungen einen aggregierten Mittelwert-Vergleich von Latenzzeiten unterschiedlicher Items anstreben, sollte stets noch ein zweiter Latenzzeitindex mit möglichst hoher Bereinigungskraft verwendet werden (wir empfehlen: den „Difference Score Index" oder den „Z-Score Index"). Denn der Residual-Index berichtet auf Item-Ebene konstruktionsbedingt stets einen arithmetischen Mittelwert von „0".

In der folgenden Tabelle 6 werden Empfehlungen zur Datenbehandlung von Antwortreaktionszeitmessungen für den Fall gegeben, dass für eine Studie ein Datensatz mit suboptimaler Datenqualität vorliegt. Denn die Datenqualität ist nur dann als „optimal" für eine RZ-Analyse zu bezeichnen, wenn der jeweilige Datensatz eine große Fallzahl umfasst, wenn im Datensatz auch Messwerte zu vielen themenunabhängign „filler latencies" vorhanden sind, und wenn der Datensatz aktive Reaktionszeitmessungen mit Interviewervalidierungsangaben zu jeder Frage enthält. Studien mit solchen Datensätzen werden in der empirischen Forschungspraxis aber eher selten zu finden sein. Die Datenqualität der meisten Studien wird variieren nach:

- der zur Verfügung stehender Fallzahlen,
- der zur Verfügung stehender Anzahl themenunabhängiger filler latencies,

- der Art der Zeitmessung (passiv vs. aktiv),
- dem Vorhandensein von Interviewervalidierungsangaben.

In der folgenden Tabelle 6 werden hinsichtlich dieser vier Qualitätsmerkmale einige praxisorientierte Empfehlungen zur Duchführung von RZ-Analysen gegeben. Diese Empfehlungen berücksichtigen die Ergebnisse unserer Untersuchungen, die wir in den vorangegangenen Unterkapiteln vorgestellt haben.

Tabelle 6: Empfehlungen zur Datenbehandlung von Antwortreaktionszeitmessungen

Verfahren	Merkmale der Datenbasis								
	Stichprobengröße		Anzahl potentieller filler latencies		Art der Zeitmessung		Interviewervalidierungen		
	groß	klein	groß	klein	aktiv	passiv	vorhanden	nicht vorhanden
BG-Maße	alle möglich; ggf. BG-c bei rein outlierbereinigten Daten; BG-b bei rein interviewervalidierten Daten (fallzahlbedingt)	BG-a oder BG-b; bei Interviewervalidierung je nach Fallzahl tendenziell BG-b	alle möglich; empfohlen: BG-b oder BG-a bei Interviewervalidierung je nach Fallzahl tendenziell BG-b	BG-a oder BG-b; mit Interviewervalidierung bei kleiner Fallzahl; ggf. BG-c bei großer Fallzahl	alle möglich; empfohlen: BG-b oder BG-a bei kleiner Fallzahl; ggf. BG-c bei großer Fallzahl	alle möglich; empfohlen: BG-a oder BG-b; (bei großer Fallzahl auch BG-c möglich)	alle möglich; empfohlen: BG-b oder BG-a bei kleiner Fallzahl; BG-c bei großer Fallzahl	alle möglich; empfohlen: BG-a bei kleiner Fallzahl; BG-b oder großer Fallzahl
LZ-Maße	alle möglich; empfohlen: Residual-Index und ggf. ein weiteres LZ-Maß zum Item-Vergleich (Diff. Score Index od. Z-Score Index)	alle möglich; empfohlen: Residual-Index und ggf. ein weiteres LZ-Maß zum Item-Vergleich (Diff. Score Index od. Z-Score Index)	alle möglich; empfohlen: Residual-Index und ggf. ein weiteres LZ-Maß zum Item-Vergleich (Diff. Score Index od. Z-Score Index)	alle möglich; Vergl. aber nicht Z-Score (Problem mit Standardabw. bei wenigen BG-Items)	alle möglich; empfohlen: Residual-Index und ggf. ein weiteres LZ-Maß zum Item-Vergleich (Diff. Score Index od. Z-Score Index, nur outlierbereinigt)	alle möglich; empfohlen: Residual-Index und ggf. ein weiteres LZ-Maß zum Item-Vergleich (Diff. Score Index od. Z-Score Index)	alle möglich; empfohlen: Residual-Index und ggf. ein weiteres LZ-Maß zum Item-Vergleich (Diff. Score Index od. Z-Score Index)	alle möglich; empfohlen: Residual-Index und ggf. ein weiteres LZ-Maß zum Item-Vergleich (Diff. Score Index od. Z-Score Index)
outlierbereinigt und interviewervalidiert	nur outlierbereinigt		outlierbereinigt und interviewervalidiert, bei geringer Fallzahl: nur outlierbereinigt	bei BG-c: nur outlierbereinigt und interviewervalidiert, bei BG-a/BG-b: outlierber. und interv.val.; bei geringer Fallzahl: nur outlierbereinigt	bei BG-c: nur outlierbereinigt und interviewervalidiert; bei BG-a/BG-b: outlierber. und interv.val.	outlierbereinigt und interviewervalidiert; bei BG-c: nur outlierbereinigt	nur outlierbereinigt und interviewervalidiert möglich	
outlierbereinigt/ interviewervalidiert								

IV Empirische Anwendungen

Nachfolgend werden einige Beispiele zur Durchführung empirischer Analysen mit Antwortlatenzzeiten aus dem eingangs vorgestellten Forschungsprojekt vorgestellt. Diese Analysen sollen darüber informieren, welche Forschungsfragen mit Antwortlatenzzeit-Daten in der Survey- und Einstellungsforschung bearbeitet werden können und wie dadurch „klassische" Analysemodelle um wertvolle Informationen erweitert werden können. Die Beispielsanalysen betreffen die Genese von Einstellungen, die Wirkung von Einstellungen auf Verhaltensintentionen und die Prädiktion tatsächlichen Verhaltens durch Verhaltensintentionen. Dabei werden die Objektbereiche „gesundheitsbewusste Ernährung" und „wohltätiges Geldspenden" betrachtet.

Im Kontext der zwei genannten Einstellungs-Verhaltens-Bereiche werden in Abschnitt IV.1 zunächst einige Analysen zu Response-Effekten (Fragereihenfolge, Akquieszenz) beschrieben, die für die Bewertung von Surveystudien immer wieder von Interesse sind. Sodann wird in Abschnitt IV.2 der Einsatz von Latenzzeiten als Moderator der Prädiktorstärke von Einstellungen und Verhaltensintentionen untersucht. In Abschnitt IV.3 wird schließlich die Persistenz sozialer Urteile untersucht, wobei diese Analyse sowohl mit aktiven als auch mit passiven Latenzzeiten durchgeführt wird.

Fast alle folgenden Analysen werden im Kontext statistischer Strukturgleichungsmodellierungen durchgeführt. Die Kriteriums- und Konstruktvaliditäten sowie die Reliabilitäten der dabei verwendeten Messmodelle wurden in allen Modellen statistisch überprüft, werden aber nachfolgend nicht einzeln berichtet, da es sich hier primär um eine anwendungsorientierte Veranschaulichung von neuen Verfahren und Modellen der Datenanalyse handelt.

IV.1 Moderation von Response-Effekten

Die empirische Untersuchung von Response-Effekten ist ein zentraler Bestandteil der Surveyforschung. Dabei sind insbesondere Fragereihenfolge- und Akquieszenzeffekte von Interesse, denn Erkenntnisse über deren Auftreten lassen auch Schlussfolgerungen über die Güte von Messinstrumenten und die Güte der damit gewonnenen Beobachtungsdaten zu.

Wie bereits in Kapitel II dargestellt, verspricht man sich von Antwortlatenzzeit-Analysen die Möglichkeit, Response-Effekte besser aufspüren und mehr über die Bedingungen ihres Auftretens erfahren zu können. Dazu wird die Antwortlatenzzeit (LZ) als Moderator des Auftretens von Response-Effekten modelliert. Denn gemäß den Ausführungen in Abschnitt II.3 werden einige Response-Effekte eher bei schnellen LZ (z.b. Akquieszenzeffekte, Assimilationseffekte) und einige eher bei langsamen LZ (z.B. Kontrasteffekte) erwartet, wenn die Antwortlatenzzeit als ein Maß spontanen bzw. überlegten Prozessierens zu interpretieren ist.

Verfahrenstechnisch betrachtet werden Antwortlatenzzeiten in den diesbezüglichen Moderatoranalysen dazu benutzt, eine Median-Split-Variable zu erstellen. Mit dieser kann dann in der Untersuchungsgruppe zwischen „schnellen" und „langsamen" Befragten unterschieden werden (bei Kontrolle der Basisgeschwindigkeit „BG-a" durch Berechnung des „Residual-Index"[35]). Bei den folgenden Analysen werden zudem outlierbereinigte und zusätzlich interviewervalidierte Latenzzeiten verwendet.

Nachfolgend werden die empirischen Analysen vorgestellt, mit denen Fragereihenfolgeeffekte und Akquieszenzeffekte untersucht werden können.

(ad: Fragereihenfolgeeffekte) Im Folgenden sollen zunächst Response-Effekte der Fragereihenfolge untersucht werden. Diese können dazu führen, dass zwischen den Variablen einer Untersuchung solche Korrelationen entstehen, die rein methodisch und nicht substanziell begründet sind. So wird z.B. in der Literatur über methodisch bedingte Korrelationen zwischen Variablen der Lebensbereichszufriedenheit (spezifisch) und der generalisierten Lebenszufriedenheit (allg.) berichtet, die dadurch entdeckt werden konnten, dass die Daten einer Befragung, bei der zunächst die spezifischen und dann die allgemeinen Items erhoben wurden, mit den Daten einer zweiten Befragung in umgekehrter Fragereihenfolgen (zuerst allgemeine Items, dann spezifische Items) verglichen wurden (Strack 1994).

Um solche Response-Effekte der Fragereihenfolge zu identifizieren, wollen auch wir Messdaten, die unter Einsatz von zwei unterschiedlichen Fragebogenversio-

---

[35] Die BG-a wird verwendet, da zu erwarten ist, dass bei Response-Effekten gerade auch Bildungseffekte eine Rolle spielen können, die deshalb auch getrennt zu untersuchen sein sollten und nicht vorschnell durch Anwendung entsprechender Bereinigungsverfahren herausgerechnet werden dürfen.

nen gewonnen wurden, miteinander vergleichen. Die beiden Fragebogenversionen unterscheiden sich in nichts anderem als der Reihenfolge bestimmter Frage-Items und wurden jeweils 250 Befragten, die per Zufall ausgewählt wurden, zur Beantwortung vorgelegt (Split-Ballot-Verfahren). In unserer Analyse sollen die Effekte der Fragereihenfolge mittels einer RZ-Analyse untersucht werden. Dabei interessiert uns insbesondere, ob ein Reihenfolgeeffekt dadurch entstehen kann, dass in einer Befragung zunächst eher spezifische Frage-Items und erst im Anschluss daran allgemeinere Frage-Items benutzt werden. Empirisch soll dies durch die Analyse von Daten zum Ernährungsverhalten, insbesondere zur Verhaltensintention, sich zukünftig gesundheitsbewusst zu ernähren, untersucht werden.

Die Items zur Verhaltensintention (VI), sich gesundheitsbewusst ernähren zu wollen, wurden in zwei verschiedenen Itemreihenfolgen erhoben: In einer ersten Fragebogenversion („spezifisch vor allgemein") wurden fünf spezifische Intentionen zu einer gesundheitsbewussten Ernährung abgefragt (Fleisch/Wurst, Süßspeisen, ökologisch, Alkohol, Obst/Gemüse) und anschließend eine allgemeine Intention, die Ernährung dauerhaft umzustellen, erfragt. In einer zweiten Fragebogenversion wurde hingegen die allgemeine Intention vor den spezifischen Intentionen abgefragt („allgemein vor spezifisch"). Die Intentionen wurden jeweils als subjektive Wahrscheinlichkeitseinschätzungen auf einer Prozentskala (0 bis 100%) erhoben.[36]

Für die Datenanalyse wird angenommen, dass der statistische Zusammenhang (d.h. die Korrelation) zwischen spezifischer und allgemeiner Intention höher ist, wenn die spezifische vor der allgemeinen Intention abgefragt wird (Assimilationseffekt). In der nachfolgenden Tabelle 7 werden die entsprechenden Korrelationen getrennt nach den beiden Fragebogenversionen vorgestellt.

---

[36] Dabei wurde gefragt, für wie wahrscheinlich es der Befragte hält, in den nächsten vier Wochen höchstens zweimal pro Woche Fleisch oder Wurst zu essen („Fleisch"), höchstens zweimal Schokolade oder Süßspeisen pro Woche zu essen („Schokolade"), überwiegend Lebensmittel aus ökologischem Anbau zu essen („Öko"), höchstens zwei Gläser Wein oder Bier pro Woche zu trinken („Alkohol") und täglich frisches Obst und Gemüse zu essen („Obst"). Neben diesen spezifischen Intentionen wurde zudem erfragt, wie wahrscheinlich es ist, in den nächsten vier Wochen die Ernährung insgesamt und dauerhaft auf eine gesundheitsbewusste Ernährung umzustellen („allgemein").

Tabelle 7: Korrelationen zwischen spezifischen und allgemeinen Frage-Items

Items	FB: spez. vor allg. (N=144)	FB: allg. vor spez. (N=131)	Response-Effekt: Korrelationsdifferenz
Fleisch - allgemein	r = 0,27**	0,18*	0,09
Schokolade - allgemein	0,27**	0,17*	0,10
Öko - allgemein	0,43**	0,32**	0,11
Alkohol - allgemein	0,22**	0,18*	0,03
Obst - allgemein	0,36**	0,27**	0,09

** $p \leq 0,01$; * $p \leq 0,05$; „FB": Fragebogen

Wie bei einem Vergleich der Korrelationen in Tabelle 7 (Spalte 2 und 3) zu erkennen ist, sind die erwarteten Assimilationseffekte zwar statistisch zu erkennen (Spalte 4) und, wie entsprechend der Assimilationsthese zu vermuten war, sind die Korrelationen bei einer Fragereihenfolge „speziell vor allgemein" auch höher als bei der Reihenfolge „allgemein vor speziell". Jedoch sind die Differenzen recht gering (sie liegen im Bereich von 0,10). Insbesondere bei dem Item „Alkohol" kann mit einer Korrelationsdifferenz von 0,03 nicht mehr von einem bedeutsamen Reihenfolgeeffekt ausgegangen werden.[37]

Eine solche Analyse von Korrelationsdifferenzen entspricht dem üblichen Vorgehen bei der Identifikation von Fragereihenfolgeeffekten. Dieses Analysedesign soll nunmehr durch Verwendung von Antwortlatenzzeitwerten modifiziert werden. Wie der folgenden Tabelle 8 zu entnehmen ist, wird dazu mittels eines Median-Split zwischen Korrelationsdifferenzen im Bereich kurzer und langer Latenzzeiten unterschieden (gemessen bei der Antwort zur allgemeinen Intention auf eine gesundheitsbewusste Ernährung) umzustellen. Begründet wird dieses veränderte Design durch die Annahme, dass Assimilationseffekte vornehmlich bei spontanen Prozessen – d.h. bei kurzen Latenzzeiten – auftreten sollten.

---

[37] Für fast alle Items (Ausnahme "Schokolade") indiziert der Levene-Test eine Varianzhomogenität im Vergleich der beiden Datensets, was den Gruppenvergleich standardisierter Koeffizienten rechtfertigt. Im Fall des Items "Schokolade" sollten die Korrelationsdifferenzen hingegen mit Vorsicht intperpretiert werden.

Tabelle 8: Korrelationen zwischen spezifischen und allgemeinen Frage-Items (differenziert nach Latenzzeiten)

Items	LZ kurz (N=138)			LZ lang (N=137)			Moderatoreffekt der LZ (Korr.diff. kurz-lang)
	FB: spez. vor allg. (N=84)	FB: allg. vor spez. (N=54)	Response-Effekt: Korr.diff.	FB: spez. vor allg. (N=60)	FB: allg. vor spez. (N=77)	Response-Effekt: Korr.diff.	
Fleisch - allgemein	r=0,37**	0,08 n.s.	0,29	0,08 n.s.	0,25*	- 0,17	ja (,29-(-,17)=,46)
Schokolade - allgemein	0,37**	0,25⁺	0,12	0,11 n.s.	0,12 n.s.	(- 0,01) vgl. Erläut.	ja (,13)
Öko - allgemein	0,55**	0,34*	0,21	0,25⁺	0,31**	- 0,06	ja (,27)
Alkohol - allgemein	0,27*	0,18 n.s.	0,09	0,14 n.s.	0,18 n.s.	(- 0,04) vgl. Erläut.	ja (,13)
Obst - allgemein	0,41**	0,34*	0,07	0,26*	0,22⁺	0,04	nein (,03)

** $p \leq 0{,}01$; * $p \leq 0{,}05$; ⁺ $p \leq 0{,}10$; n.s. $p > 0{,}10$; „FB": Fragebogen. Aufgrund der geringen Fallzahlen und den daraus resultierenden, geringen Teststärken werden hier auch marginale Signifikanzen auf 10% Signifikanzniveau berichtet. Die Korrelationsdifferenzen (Korr.diff.), die sich zwischen zwei nicht-signifikanten Korrelationen ergeben, sind nur mit Vorsicht zu interpretieren und werden deshalb hier in Klammern gesetzt.

Tabelle 8 zeigt, dass der Assimilationseffekt in eindeutiger und konsistenter Form, wie erwartet, tatsächlich nur bei spontanem Prozessieren auftritt (d.h. bei kurzen LZ). Die Korrelationen der FB-Version „spez. vor allg." sind dort alle signifikant und höher als die Korrelationen der FB-Version „allg. vor spez." (wo die Korrelationen in drei von fünf Fällen auch deutlich nicht bzw. nur noch marginal signifikant sind). Bei den Korrelationsdifferenzen im Bereich „LZ kurz" ist lediglich beim Item „Obst" das Ausmaß der Differenz nicht ausreichend, um einen Fragereihenfolgeeffekt zu erkennen. Jedoch ist in vier von fünf Fällen ein deutlicher Assimilationseffekt bei spontanem Antwortverhalten zu beobachten. Im Fall des Items „Alkohol" kann dort zudem ein Assimilationseffekt identifiziert werden, der bei der Analyse ohne Latenzzeit-Unterscheidung (in Tabelle 7) nicht aufgetreten ist.

Ganz anders verhält es sich bei langsamen Latenzzeiten: Dort liegen bis auf Korrelationen mit dem Item „Fleisch" keinerlei bedeutsame Korrelationsdifferenzen vor. Und auch beim Item „Fleisch" tritt kein Assimilationseffekt im hier postulierten Sinne auf, da die Korrelation nur bei der Reihenfolge „allgemein vor spezifisch" signifikant und auch deutlich höher ist. Somit deutet dies eher auf einen Kontrasteffekt hin, der gemäß den Ausführungen in Abschnitt II.3 gerade bei langen LZ, d.h. bei überlegtem Prozessieren, erwartet werden kann. Denn wenn die Korrelation bei „spez. vor allg." niedriger ist als bei „allg. vor spez.", so bedeutet dies, dass das spezifische Item aus dem allgemeinen „herausgefiltert" wird, was auf einen subtraktionsbasierten Kontrasteffekt hinweist. Deshalb konnte beim Item „Fleisch" auch mit einer Analyse ohne Latenzzeit-Unterscheidung nur ein gering ausgeprägter Assimilationseffekt festgestellt werden (vgl. Tabelle 7 oben). Wie jetzt jedoch deutlich wird, liegt bei den Korrelationen mit dem Item „Fleisch" bei spontanem Antworten ein Assimilationseffekt vor, während bei überlegtem Antworten eher von einem Kontrastefekt ausgegangen werden muss.

Latenzzeiten wirken demnach gemäß Tabelle 8 in vier von fünf Fällen als Moderator des Fragereihenfolgeeffekts in der theoretisch erwarteten Richtung: Assimilationseffekte treten bei spontanen Antwortprozessen auf (d.h. bei kurzen LZ), und Kontrasteffekte sind – wenn überhaupt – nur beim überlegten Prozessieren von Antworten zu beobachten.

Dies lässt sich zudem auch noch mit einer weiteren Argumentation absichern: Wenn ein Assimilationseffekt (in Richtung auf das allgemeine Item) in der Reihenfolge „spez. vor allg." vor allem bei spontanen Prozessen auftreten soll, so müsste sich auch zeigen, dass das allgemeine Item in der FB-Version „spez. vor allg." im Mittel schneller bzw. spontaner beantwortet wird. Und tatsächlich lässt sich nachweisen, dass das allgemeine Item in der FB-Version „spez. vor allg." deutlich schneller beantwortet wurde als in der umgekehrten Reihenfolge (sowohl Mean als auch Median; eine ANOVA sowie ein nonparametrischer Median-Test zeigen eine signifikante Differenz mit $p \leq 0,05$).

(ad: Akquieszenzeffekt) Zur empirischen Analyse von Akquieszenz-Effekten wurden in unserer Studie in einem Split-Ballot-Verfahren die Frageformulierungen ausgewählter Items variiert. Dabei wurden die ursprünglichen Fragetexte (in der Fagebogenversion „Original") für die neue Fragebogenversion (genannt: „Gegenteil") semantisch in ihr Gegenteil gedreht (mit Hilfe von Formulierungen wie „nicht" oder „kein"). So wurde z.B. aus dem Item „Abstrakt zu denken reizt mich" das inhaltlich gedrehte Item „Abstrakt zu denken reizt mich nicht" (vgl. die weiteren Item-Fragetexte in Tabelle 9).

Die mit beiden Fragebogenvarianten ermittelten Befragungsdaten (jeweils N=250) können genutzt werden, um Akquieszenz-Effekte aufzudecken. Ein Akquieszenz-Effekt liegt auf diese Weise dann vor, wenn einem Item mit negierter Formulierung („nicht" oder „kein") signifikant häufiger zugestimmt wird als demselben Item mit positiver Formulierung widersprochen wird.

Um dies zu untersuchen, wurden zunächst aus rein darstellungstechnischen Gründen die 5er-Ratingskalen der drei hier betrachteten Frage-Items auf 3er-Skalen rekodiert (mit: 1-2=Zustimmung, 3=unentschieden und 4-5=Ablehnung). Sodann wurden für die folgenden Tabellen die Urteilsangaben zu den gegensinnig formulierten Items (aus der Fragebogenversion „Gegenteil") zurückgedreht, sodass „Zustimmung" nachfolgend immer bedeutet, dass inhaltlich dem Originalwording zugestimmt wird. Veranschaulicht am Beispiel aus Tabelle 9.1 heißt dies, dass der Anteil von Personen, die dem Item „Abstrakt zu denken reizt mich" zustimmen konnten (48,4%), mit dem Anteil von Personen verglichen werden kann, die das Item „Abstrakt zu denken reizt mich nicht" ablehnten (40,7%).

Tabelle 9: Akquieszenz-Effekte bei drei Items

	Version „Original" (in %)	Version „Gegenteil" (zurückgepolt) (in %)	Differenz (in %)
9.1) Original: Abstrakt zu denken reizt mich. Gegenteil: Abstrakt zu denken reizt mich *nicht*.			
1-2 Zustimmung	48,4	40,7	7,7
3 teils/teils	24,0	20,7	3,3
4-5 Ablehnung	27,6	38,6	-11
	∑100 N=246	∑100 N=246	
	$\chi^2=6,7$, $df=2$, $p=0,035$, $N=492$		
9.2) Original: Mir macht es Spaß, über etwas stundenlang angestrengt nachzudenken. Gegenteil: Mir macht es *keinen* Spaß, über etwas stundenlang angestrengt nachzudenken.			
1-2 Zustimmung	47,6	46,8	1,2
3 teils/teils	26,8	24	2,8
4-5 Ablehnung	25,6	29,2	-3,6
	∑100 N=250	∑100 N=250	
	$\chi^2=0,88$, $df=2$, $p=0,608$, $N=500$		
9.3) Original: Ich finde es aufregend, neue Denkweisen zu erlernen. Gegenteil: Ich finde es *wenig* aufregend, neue Denkweisen zu erlernen.			
1-2 Zustimmung	63,5	55,8	7,7
3 teils/teils	27,7	18,1	9,6
4-5 Ablehnung	8,8	26,1	-17,3
	∑100 N=249	∑100 N=249	
	$\chi^2=27,52$, $df=2$, $p=0,000$, $N=498$		

Nach Tabelle 9 zeigt sich bei zwei von drei untersuchten Items der erwartete signifikante Akquieszenz-Effekt. Bei diesen Items (9.1 und 9.3) beträgt die Differenz zwischen dem Anteil der Befragten, die gerne abstrakt denken bzw. gerne neue Denkweisen erlernen, und dem Anteil derjenigen Befragten, die das Gegenteil ablehnen, 7,7%. Und die Prozentsatzdifferenz zwischen den Befragten, die ungern abstrakt denken bzw. ungern neue Denkweisen erlernen, und denjenigen Befragten, die das Gegenteil ablehnen, beträgt 11 bzw. 17,3%.

In einem zweiten Schritt kann nun getestet werden, ob die Latenzzeit auch in diesem Falle als Moderator und/oder Prädiktor fungiert und damit zur statistischen „Erklärung" der Response-Effekte beitragen kann. Zu diesem Zweck wurden auch hier wieder die Daten aus jeder Befragungsversion gesplittet bzw. in zwei Untergruppen aufgeteilt. Dazu wurden Median-Splits mit den Latenzzeiten der jeweiligen Items (Residual-Index, BG-a, outlier-bereinigt und interviewervalidiert) durchgeführt. Erwartet wird, dass die Akquieszenz-Effekte nur oder verstärkt bei spontanen Antwortprozessen, d.h. bei schnellen Latenzzeiten, auftreten. Zur statistischen Überprüfung wurden Interaktionsanalysen (bezügl des Interaktionseffekts von Fragebogenversion und Latenzzeitmuster) mittels ANOVA-Modellen durchgeführt (dabei wurden wieder die 5er-Rating-Skalen benutzt, da für diese ein metrisches Skalenniveau angenommen werden kann). Die Ergebnisse zeigt Tabelle 10.

Tabelle 10: LZ und Akquieszenz-Effekte

	LZ kurz			LZ lang			Moderatoreffekt der LZ (%)
	„Original" (%)	„Gegenteil" (gedreht) (%)	Differenz (%)	„Original" (%)	„Gegenteil" (gedreht) (%)	Differenz (%)	
10.1) Original: Abstrakt zu denken reizt mich. Gegenteil: Abstrakt zu denken reizt mich *nicht*.							
1-2 Zustimmung	59,8	31,4	28,4	30,2	46,8	-16,6	45
3 teils/teils	17,4	25,6	-8,2	33,3	19,4	13,9	22,1
4-5 Ablehnung	22,7	43,0	-20,3	36,5	33,9	2,6	22,9
ANOVA: FB: p=0,470; LZ: p=0,243; FB ×LZ: p=0,000; N=438 *Gesamtmodell: F=5,940; df=3; p=0,001*							
10.2) Original: Mir macht es Spaß, über etwas stundenlang angestrengt nachzudenken. Gegenteil: Mir macht es *keinen* Spaß, über etwas stundenlang angestrengt nachzudenken.							
1-2 Zustimmung	56,4	42,5	13,9	34,0	48,8	-14,8	28,7
3 teils/teils	18,8	28,7	-9,9	39,2	22,0	17,2	27,1
4-5 Ablehnung	24,8	28,7	-3,9	26,8	29,3	-2,5	1,4
ANOVA: FB: p=0,553; LZ: p=0,268; FB ×LZ: p=0,041; N=440 *Gesamtmodell: F=1,874; df=3; p=0,133*							
10.3) Original: Ich finde es aufregend, neue Denkweisen zu erlernen. Gegenteil: Ich finde es *wenig* aufregend, neue Denkweisen zu erlernen.							
1-2 Zustimmung	70,4	57,9	15,8	48,3	51,9	-4,8	20,6
3 teils/teils	23,2	14,5	7,0	37,9	18,6	20,7	13,7
4-5 Ablehnung	6,3	27,6	-22,3	12,6	29,5	-15,9	6,4
ANOVA: FB: p=0,203; LZ: p=0,000; FB ×LZ: p=0,088; N=433 *Gesamtmodell: F=7,495; df=3; p=0,000*							

Bei allen drei untersuchten Items wirkt Latenzzeit als signifikanter Moderator des Antwortverhaltens. Bei den ersten beiden Items (10.1 und 10.2. in Tabelle 10) ist der Interaktionseffekt aus Fragebogenversion und Latenzzeit signifikant mit p ≤ 0,01 (10.1) bzw. p ≤ 0,05 (10.2) (wobei beim Item 10.2 die Güte des Gesamtmodells nicht zufriedenstellend ist). Und beim dritten Item (10.3) ist der Interaktionseffekt immerhin marginal signifikant mit p ≤ 0,10. Bei Item 10.3 wirkt zudem die Latenzzeit als signifikanter Haupteffekt: Personen mit kurzen Latenzzeiten stimmen dem Item signifikant häufiger zu als langsamere Personen. In allen drei Fällen verschwindet zudem komplett der Haupteffekt der Fragebogenversion. Dieser wird also in jedem Fall vollständig durch die LZ moderiert und es liegt kein Akquieszenz-Effekt mehr vor, der unabhängig von der Latenzzeit wäre.

Inhaltlich wirkt die Latenzzeit also als Moderator, indem die größte Zustimmung bei kurzen Latenzzeiten *und* einem Wording ohne Verneinung auftritt. Damit wird auch deutlich, dass inhaltsunabhängige (!) Response-Effekte – und damit potentiell auch Nonattitudes – gerade bei schnellen Latenzzeiten auftreten können. Interessanterweise kann den Ergebnissen aus Tabelle 10 zudem entnommen werden, dass nicht nur bei spontanen Prozessen ein deutlicher inhaltsunabhängiger Zustimmungseffekt vorliegt, sondern bei überlegten Prozessen auch ein gegenteiliger Effekt zu beobachten ist: bei langen LZ lehnen relativ mehr Personen das negativ formulierte Item ab als Personen dem positiv formulierten Item zustimmen. Bei langen Latenzzeiten sind Befragte also „skeptischer" als bei kurzen Latenzzeiten, und dies scheint durch eine negative Itemformulierung noch verstärkt zu werden.

Anzumerken bleibt, dass der Akquieszenz-Effekt bei Item 10.2 erst mit der differenzierten Latenzzeitanalyse aufgedeckt werden konnte (Tabelle 10) und dieser bei der Analyse ohne Latenzzeit-Gruppierung deutlich nicht-signifikant war (Tabelle 9). Dies zeigt einmal mehr, dass Latenzzeiten sowohl zum tieferen Verständnis der Wirkweise von Response-Effekten als auch zu deren Identifikation hilfreich sein können.[38]

Zusammenfassend kann gesagt werden, dass Latenzzeiten zur empirischen Analyse von Zustimmungstendenzen gut geeignet sind. Denn Befragte antworten schneller, je stärker ihr individueller Hang zur Zustimmungstendenz ist, und Akquieszenz tritt verstärkt bei kurzen Latenzzeiten auf.

IV.2 Moderation der Einflussstärke sozialer Urteile

In den folgenden Kapiteln geht es darum, die in Sozialpsychologie und Soziologie weit verbreiteten Modelle zur Analyse der Beziehung zwischen sozialen Einstellungen und Verhalten (bzw. zwischen sozialen Urteilen und Verhalten) neu zu spezifizieren und dadurch in ihrer Prognosekraft zu verbessern. Dies soll dadurch geschehen, dass die Einstellungs-Verhaltens-Modelle um die Moderatorvariable „Antwortlatenzzeit" erweitert werden und dadurch die Stärke des Einflusses sozialer Urteile auf diverse Verhaltensaspekte differenzierter unter-

---

[38] Zudem lohnt sich eine Betrachtung der mittleren Latenzzeiten getrennt nach den beiden Fragebogenversionen in einem nonparametrischen Median-Signifikanztest. Dabei zeigt sich, dass alle drei Items bei originaler Frageformulierung (ohne Verneinung) eine signifikant schnellere LZ aufweisen (jeweils $p \leq 0,01$). Somit erfordern negierte Frageformulierungen („kein", „nicht" etc.) signifikant mehr kognitiven Aufwand zur Beantwortung als positiv formulierte Items.

sucht werden kann. Die in den Modellen zu schätzende Einflussstärke betrifft dabei: a) die Prädiktion von Verhaltensintentionen durch Verhaltenseinstellungen, b) die Prädiktion von Verhaltenseinstellungen durch beliefs (bzw. kognitive Überzeugungen), und c) die Prädiktion tatsächlichen Verhaltens durch Verhaltensintentionen.

Den theoretischen Rahmen für die nachfolgenden Analysen bildet die „Theory of Reasoned Action" (TRA) nach Ajzen/Fishbein (1980). Ihrzufolge wird Verhalten (V) ausschließlich von der Verhaltensintention (VI) direkt beeinflusst. Zudem bestimmt die TRA, dass die Verhaltensintention ihrerseits von der Verhaltenseinstellung (VE) und der subjektiven Norm (SN) abhängt, welche beide von verhaltensbezogenen bzw. normativen Überzeugungen (sog. beliefs) bestimmt werden. Die nachfolgende Abbildung 13 verdeutlicht dieses Grundmodell der TRA.

Abbildung 13: Modell der TRA

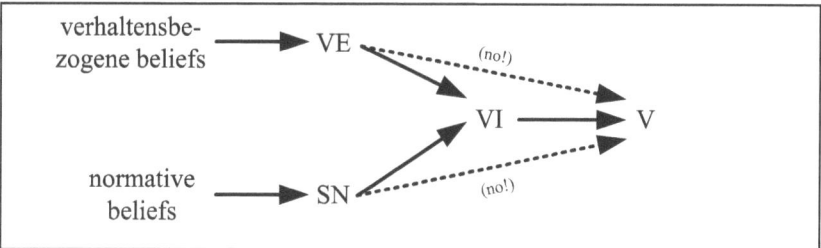

Für die folgenden Analysen wurden zwei Befragtengruppen mittels eines Median-Splits der LZ-Variable gebildet. So entstanden eine Gruppe mit überdurchschnittlich langen LZ-Werten und eine Gruppe mit unterdurchschnittlich langen LZ-Werten. Die Latenzzeit wird dabei als ein Maß der Stärke der mentalen Zugänglichkeit bzw. „Salienz" (Ajzen 2005) und damit auch der automatischen Aktivierung der entsprechenden Urteile interpretiert. Demnach müsste sich eine größere Einflussstärke der Verhaltenseinstellung (a) bzw. der beliefs (b) bei kurzen Latenzzeiten zeigen.

Mit den nachfolgenden Modellschätzungen soll gezeigt werden, dass die „klassische" TRA durch die Berücksichtigung von Latenzzeiten „theorieimmanent" erweitert werden kann. Denn der Einbezug von Latenzzeiten in die TRA-Analyse ermöglicht es, dass auch die Zugänglichkeit bzw. „Salienz" anderer Modellkomponenten als nur von beliefs im Modell untersucht werden kann. Zudem besteht über die Analyse von Latenzzeiten auch die Möglichkeit, die

Salienz von beliefs (und anderer Modellkomponeneten) auf Individualebene statistisch zu bestimmen. Denn im klassischen TRA-Design müssen die „modal salienten beliefs" in separaten Vorstudien ermittelt werden, so dass in der TRA-Schätzung selbst keine Informationen zur individuellen Salienz einzelner beliefs berücksichtigt werden können. Diese gravierende Einschränkung fällt weg, wenn Latenzzeiten als individualisierte, empirische Daten für die Modellschätzung zur Verfügung stehen.

Für alle folgenden Analysen wurden wieder interviewervalidierte und outlierbereinigte Latenzzeiten verwendet. Als Latenzzeitmaß wird der Residual-Index verwendet, und als Basisgeschwindigkeitsmaß die „aufwändige" BG-b benutzt, da möglichst viele individuelle Störfaktoren kontrolliert werden sollen.

(ad a: die Prädiktion von Verhaltensintentionen durch Verhaltenseinstellungen)
Im ersten Untersuchungsschritt wird untersucht, ob Verhaltenseinstellungen bei kurzen Latenzzeiten prädiktiver gegenüber Verhaltensintentionen sind als bei langen Latenzzeiten. Hierzu wurde ein Ausschnitt des TRA-Modells spezifiziert, in dem die Verhaltenseinstellung (VE) und die subjektive Norm (SN) auf die Verhaltensintention (VI) einwirken (vgl. Abb. 14). Mit diesem Teilmodell sollen, als exemplarische Anwendung, die von uns ermittelten, empirischen Intentionen zu Geldspendeaktivitäten (zugunsten von sozialen Hilfsorganisationen in den Bereichen: Entwicklungshilfe „Entw" und soziale Wohltätigkeit „SW") untersucht werden. Zur statistischen Schätzung dieses Modells standen für jedes der drei Modell-Konstrukte (VE, SN, VI) zwei Indikatoren zur Verfügung, mit denen die entprechenden Messmodelle konstruiert werden können (vgl. Abb. 14). Gemessen wurden die Indikatoren über die subjektiven Bewertungen der VE- und SN-Items (mittels 5er-Rating-Skalen von 5="trifft voll und ganz zu" bis 1="trifft überhaupt nicht zu") und über die subjektiven Einschätzungen der beiden VI-Items (mittels Wahrscheinlichkeitsangaben von 0% bis 100%).[39] Entsprechend der TRA-Modellannahmen werden als Ergebnis der Modellschätzung

---

[39] Die exakten Itemformulierungen sind:
VE-Entw: „Ich finde es äußerst positiv, Geld an Organisationen zu spenden, die langfristige weltweite Entwicklungshilfe durchführen"
VE-SW: „Und ich finde es äußerst positiv, Geld an soziale Wohltätigkeitsorganisationen zu spenden"
VI-Entw: „Für wie wahrscheinlich halten Sie es, dass Sie innerhalb der nächsten vier Wochen Geld an Hilfsorganisationen für langfristige weltweite Entwicklungshilfe spenden werden?"
VI-SW: „Und dass Sie Geld an soziale Wohltätigkeitsorganisationen spenden werden?"
SN1: „Die für mich wichtigsten Menschen meinen, ich sollte Geld spenden."
SN2: „Diese Menschen finden es sehr gut, wenn ich Geld spende."

ein positiver VE-VI-Effekt und ein positiver SN-VI-Effekt erwartet. Die Fallzahl für die Modellschätzung betrug N=682.[40]

Die statistische Schätzung des oben erläuterten Modells (vgl. Abb. 14) erfolgte in Form einer simultanen Zweigruppenschätzung (für die beiden Befragtengruppen mit „kurzen" und „langen" Latenzzeiten). Das Latenzzeitmaß, das für den Median-Split benutzt wurde, wurde aus dem arithmetischen Mittel der Latenzzeiten bei beiden VE-Item-Einschätzungen berechnet. Durchgeführt wurde die Schätzung im Kontext einer Strukturgleichungsmodellierung (unter Verwendung der Statistik-Software AMOS 7). Diese Methode hat den Vorteil, dass minderungskorrigierte Effekte zwischen den Konstrukten geschätzt werden können, und die Parameterschätzungen der Messmodelle über die Gruppen hinweg invariant zu halten sind. Dadurch kann sichergestellt werden, dass evtl. geschätzte Gruppenunterschiede zwischen den Kausaleffekten nicht auf gruppenspezifische Unterschiede bei den Konstruktmessungen (VE, SN oder VI) zurückzuführen sind.[41] Aufgrund der inhaltlichen Nähe der Itemobjekte untereinander mussten für die Modellschätzung auch zwei Fehlerkovarianzen zugelassen werden (vgl. Abb. 14).[42] Die folgende Abbildung 14 stellt das Strukturgleichungsmodell vor, welches getrennt für die beiden Latenzzeitgruppen geschätzt wurde.

---

[40] Diese Fallzahl ergibt sich aus einer Reihe weiterer Analysen, die hier nicht alle vorgestellt werden können (vgl. Urban/Mayerl/Sellke 2007).

[41] Die Multigruppenanalyse hat gegenüber einer Interaktionsmodellierung im vorliegenden Anwendungsfall zwei Vorteile: erstens werden Multikollinearitätsprobleme vermieden, und zweitens kann den Schätzproblemen ausgewichen werden, die immer noch bei der Berechnung von Interaktionseffekten latenter Variablen bestehen (u.a. bezüglich nonlinearer constraints, fehlender Modell-Fit-Werte und einer problematischen Konvergenz der latenten Interaktionskonstrukte).

[42] Ohne die Berücksichtigung der Fehlerkovarianzen wird inhaltlich dasselbe Ergebnis erzielt, aber die Modellanpassung ist dann deutlich schlechter.

Abbildung 14: TRA-Modell zur statistischen Prognose von Geldspendeintentionen

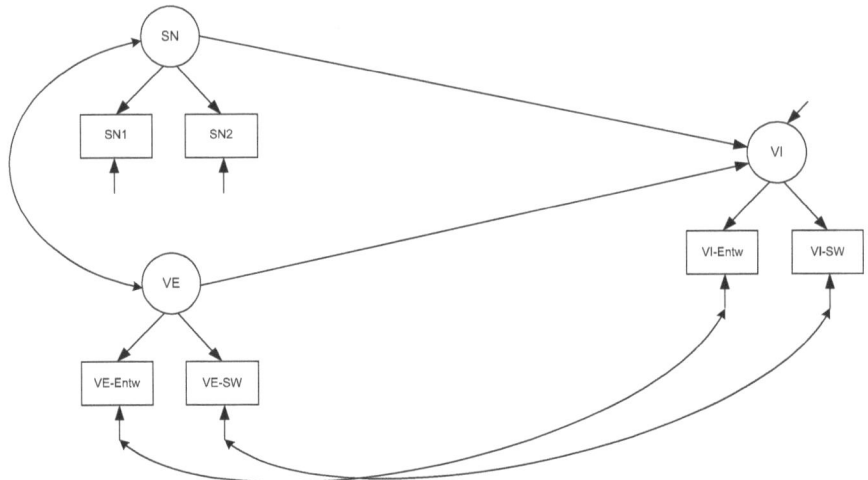

In der nachfolgenden Tabelle 11 werden die Schätzergebnisse des Modells vorgestellt.[43]

---

[43] Alle Invarianzannahmen der Messmodelle (Kovarianzen, Varianzen, Faktorladungen und Residuen) sowie die Invarianzannahme des Struktureffekts SN-VI halten zudem einer empirischen Prüfung stand (χ^2-Differenzentest dieses gruppen*in*varianten Modells im Vergleich zu einem komplett gruppenvarianten Modell: p=0,224; Δdf=14; $\Delta\chi^2$=17,62).

Tabelle 11: Schätzergebnisse: Struktureffekte und Faktoreffekte

		LZ kurz			LZ lang		
		b	S.E.	b*	b	S.E.	b*
VE	➔ VI	14,87 **	3,96	0,32	4,41 n.s.	4,00	0,10
SN	➔ VI	8,57 **	1,82	0,27	8,57 **	1,82	0,29
VI	➔ VI-Entw	1,00	---	0,85	1,00	---	0,83
	➔ VI-SW	0,68 **	0,11	0,62	0,68 **	0,11	0,59
VE	➔ VE-Entw	1,00	---	0,70	1,00	---	0,70
	➔ VE-SW	0,91**	0,15	0,62	0,91 **	0,15	0,62
SN	➔ SN1	1,00	---	0,71	1,00	---	0,71
	➔ SN2	1,04 **	0,12	0,81	1,04 **	0,12	0,81
R^2_{VI}		0,25			0,12		
Modell-Fit		χ^2=24,091; df=22; p=0,342; CFI=0,998; RMSEA=0,012 (90% Konf.intervall: 0,000 – 0,035)					

** p ≤ 0,01; n.s.: p>0,10; b=unstandardisierte Koeffizienten; b*=standardisierte Koeffizienten

Bezüglich des VE-VI-Effekts in Tabelle 11 ist festzustellen, dass dieser bei kurzen Latenzzeiten tatsächlich deutlich stärker ist als bei langen Latenzzeiten: während bei kurzen Latenzzeiten ein Anstieg in der VE um eine Einheit einen VI-Anstieg um 14,9 Werte (auf der VI-Prozentskala) bedeutet, beträgt der vergleichbare VI-Anstieg bei langen Latenzzeiten nur 4,4 Werte. Diese Differenz ist statistisch signifikant mit p ≤ 0,05 (χ^2-Differenzentests: p=0,034; Δdf=1; $\Delta\chi^2$=4,51). Hinzu kommt, dass der VE-Effekt nur bei kurzen Latenzzeiten signifikant ist (p ≤ 0,01), während er bei langen Latenzzeiten deutlich nicht-signifikant wird (p>0,10).

Das Ergebnis zeigt, dass durch die Berücksichtigung der mentalen Zugänglichkeit von Einstellungen (und die damit thematisierte automatische Aktivierung von einstellungsgebundenen Objektbewertungen) die „klassischen" Erklärungsmodelle der Einstellungs-Verhaltens-Forschung substanziell erweitert werden können. Im vorliegenden Beispiel konnte dies am Beispiel eines TRA-Modells demonstriert werden, das um die Zugänglichkeit von Verhaltenseinstellungen gegenüber Geldspendeaktivitäten an Hilfsorganisationen ausgebaut wurde. Es konnte damit empirisch nachgewiesen werden, dass Verhaltenseinstellungen sehr viel prädiktiver für Verhaltensintentionen sind, wenn die Verhaltenseinstellungen hoch zugänglich sind bzw. wenn, methodisch betrachtet, die entsprechenden Item-Ratings im Survey unterdurchschnittlich lange Latenzzeiten aufweisen.

(ad b: Prädiktion von Verhaltenseinstellungen durch kognitive Überzeugungen)
Im TRA-Modell kann ebenfalls versucht werden, die Prädiktion der Verhaltenseinstellung durch verhaltensbezogene Überzeugungen (beliefs) zu verbessern und dafür die individuelle kognitive Zugänglichkeit bzw. „Salienz" von beliefs zu berücksichtigen. Zwar ist die Berücksichtigung der Salienz von einstellungsrelevanten Überzeugungen auch im originalen TRA-Konzept vorgesehen. Allerdings wird die Salienz nach der klassischen TRA-Methodik allein dadurch in die Analyse einbezogen, dass modal saliente beliefs in separaten Vorstudien ermittelt werden und sich dann die Datenerhebung der eigentlichen Hauptstudie auf diese modalen beliefs konzentriert. Die modal salienten beliefs sind somit nach dem klassischen Design kognitive Überzeugungen, die von der Mehrzahl der in Vorstudien befragten Personen in freier Assoziation mit einem vom Forscher beschriebenen Objektbereich in Zusammenhang gebracht werden. In der folgenden Modellschätzung wird jedoch die Salienz von beliefs als eine variierende Eigenschaft von Kognitionen in die Modellschätzung integriert. Damit soll geprüft werden, ob die Berücksichtigung der individuellen Latenzzeiten von modal salienten beliefs einen Erkenntniszuwachs für die TRA-Amalyse erbringen kann.

In unserer Studie (vgl. Kap. I) wurden ebenfalls in einer Vorstudie bei einer Befragung von 120 Personen vier modal saliente beliefs zum Thema Geldspenden ermittelt. Diese sind (in gekürzter Benennung): „Menschen wird geholfen"; „gutes Gewissen haben"; „Geldverwendung nur für angedachte Zwecke" und „entspricht religiösen Überzeugungen". Allerdings wurde von uns das individuell variierende Ausmaß der Salienz von kognitiven Einschätzungen, die mit diesen belief-Objekten verbunden sind, noch einmal in der Hauptstudie ermittelt (über RZ-Messungen) und dann in die Modellschätzung integriert.

Da beliefs in der TRA entsprechend den Vorgaben einer Wert-Erwartungs-Logik konzipiert werden (vgl. Ajzen/Fishbein 1980), wurden in der Hauptstudie für jedes der zuvor identifizierten vier beliefs eine Bewertungs- und eine Erwartungskomponente erhoben und das daraus gebildete Produkt als Operationalisierung der belief-Stärke in die statistische Analyse hineingenommen. Dabei wurden die jeweiligen Bewertungskomponenten über 5er-Rating-Skalen der Wichtigkeit der einzelnen beliefs ermittelt (5=sehr wichtig; 1=sehr unwichtig). Und die belief-Erwartungen wurden als subjektive Wahrscheinlichkeitsschätzungen (auf einer Prozentskala) bezüglich der Realisation der einzelnen beliefs abgefragt. Die multiplikativen Terme liegen somit in einem Wertebereich von „0" bis „500". Ein subjektiver Erwartungswert von „500" bedeutet, dass das betreffende belief für sehr wichtig gehalten wird *und* zugleich dessen Eintreten mit maximaler Sicherheit erwartet wird.

Für die Modellschätzung wurde die individuell variierende „Salienz" über die Latenzzeit der Bewertungskomponente eines jeden beliefs ermittelt, da angenommen wird, dass Bewertungen (wie z.b. Wichtigkeiten) im Gedächtnis gespeichert werden und für Befragte im Interview mehr oder weniger direkt kognitiv sind, während dies bei Eintrittswahrscheinlichkeiten eher als fraglich gelten muss, zumal die Einschätzung von Wahrscheinlichkeiten in unserer Studie deutlich mehr kognitiven Aufwand von den Befragten erforderte (im Mittel sind die Wahrscheinlichkeitsangaben ca. 100 Hundertstelsekunden langsamer als die Bewertungsangaben).[44] Die statistische Aufbereitung der RZ-Daten erfolgte analog zur Latenzzeit-Berechnung der VE (und wurde oben unter „ad a" erläutert). Für jedes belief lag demgemäß eine Latenzzeitmessung vor, sodass ein diesbezüglicher Median-Split zu zwei Gruppenbildungen führte (1=Antworten mit kurzer Latenzzeit, 0=Antworten mit langer Latenzzeit). Zur Beseitigung von Multikollinearitätseffekten wurden die belief-Werte zudem mittelwertzentriert (vgl. hierzu Urban/Mayerl 2006: 239 ff.). Die für die Modellschätzung zur Verfügung stehende Fallzahl betrug nach Ausschluss aller Fälle mit missing values N=430.

Die nachfolgend beschriebene Modellschätzung erfolgte aus mehreren Gründen nicht als Multigruppenanalyse (wie sie oben zur Schätzung der VE-VI-Effekte durchgeführt wurde), sondern in Form einer Interaktionsmodellierung. Diese Gründe waren: Erstens sollten, wie erläutert, die Effekte von vier eng verwandten beliefs geschätzt werden, sodass deren Effekte wechselseitig auspartialisiert werden müssen, was nur in einer simultanen Modellierung möglich ist. Zweitens weist jedes der vier beliefs eine eigene LZ-Median-Split-Variable auf, sodass zu viele Gruppen bei einer gemeinsamen Multigruppenanalyse vorgelegen hätten. Und drittens sind in SEM-Analysen die Effekte von Interaktionen zwischen manifesten Variablen weit weniger problematisch zu schätzen als die Interaktionen zwischen latenten Variablen. In der nachfolgenden Abbildung 15 wird das dementsprechend zu schätzende Kausalmodell graphisch veranschaulicht.

---

[44] Hier nicht abgedruckte zusätzliche Analysen bestätigen diesen Befund: wird die Latenzzeit der Bewertungs- und Erwartungskomponente in Form eines gemittelten Latenzzeit-Index berücksichtigt, so treten in einer Modellschätzung analog zu Abb. 15 keine statistisch signifikanten Effekte dieses Index auf. Dieses Ergebnis konnte auch durch Analysen in einem weiteren Objektbereich (gesundheitsbewusstes Ernährungsverhalten) bestätigt werden. Allein die Zugänglichkeit der Bewertungskomponente ist bedeutsam für die Einflussstärke von beliefs (vgl. Urban/Mayerl/Sellke 2007).

Abbildung 15: Modell zur statistischen Prognose von Verhaltenseinstellungen in Abhängigkeit von beliefs, deren Latenzzeiten und interaktiven Verknüpfungen zwischen beliefs und Latenzzeiten

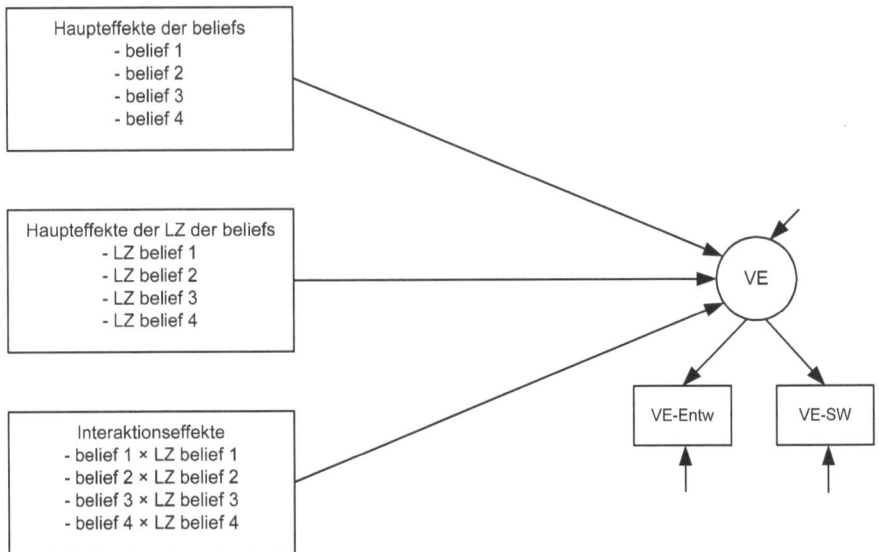

Bemerkung: Die unabhängigen Variablen werden zur besseren Übersicht in drei Variablengruppen aufgeteilt. In der Schätzung wurden auch die Kovarianzen zwischen allen unabhängigen X-Variablen berücksichtigt.

Entsprechend der TRA-Annahmen ist zu erwarten, dass signifikant positive Effekte der beliefs auf die VE vorliegen. Zudem sollten bei einer Moderation der Effekte durch das Ausmaß von Latenzzeiten auch die Interaktionsvariablen signifikante Effekte aufweisen. Und bei einer totalen Moderation sollten die Haupteffekte der beliefs nicht signifikant sein. In der nachfolgenden Tabelle 12 werden die Schätzergebnisse des belief-Modells (nach Abb. 15) vorgestellt.

Tabelle 12: Empirische Ergebnisse der Interaktionsmodellierung

			b	S.E.	b*
Interaktion: belief_1 × LZ_1	→	VE	0,01 n.s.	0,06	0,02
Interaktion: belief_2 × LZ_2	→	VE	- 0,14 **	0,05	- 0,23
Interaktion: belief_3 × LZ_3	→	VE	- 0,01 n.s.	0,05	- 0,01
Interaktion: belief_4 × LZ_4	→	VE	0,04 n.s.	0,05	0,08
belief_1	→	VE	- 0,23 **	0,04	- 0,41
belief_2	→	VE	0,01 n.s.	0,04	0,03
belief_3	→	VE	- 0,04 n.s.	0,04	- 0,09
belief_4	→	VE	- 0,10 *	0,04	- 0,22
LZ_1 (belief_1)	→	VE	- 0,14 +	0,07	- 0,11
LZ_2 (belief_2)	→	VE	0,17 *	0,07	0,13
LZ_3 (belief_3)	→	VE	0,04 n.s.	0,07	0,03
LZ_4 (belief_4)	→	VE	- 0,03 n.s.	0,07	- 0,02
VE	→	VE-Entw	1,00	---	0,66
	→	VE-SW	1,02 **	0,13	0,68
R^2_{VE}			0,38		
Modell-Fit			χ^2=11,167; df=11; p=,429; CFI=1,000; RMSEA=,006 (,000 –,051)		

** $p \leq ,01$; * $p \leq ,05$; + $p \leq ,10$; n.s.: $p > ,10$; b=unstandardisierte Koeffizienten; b*=standardisierte Koeffizienten;
belief_1=Menschen helfen; belief_2=gutes Gewissen; belief_3=Geldverwendung; belief_4=religiöse Überzeugung; LZ=Latenzzeit (Median-Split: 0=langsam, 1=schnell). Zur Schätzung aussagekräftiger b-Koeffizienten wurden die Skalenwerte für die belief-Stärke „(Wichtigkeit)×(Wahrscheinlichkeitsschätzung)" durch 100 dividiert.

Wie der Tabelle 12 zu entnehmen ist, sind die Fit-Werte des Modells sehr gut, sodass die Ergebnisse inhaltlich interpretiert werden können.

Gemäß der erzielten Schätzwerten ist einer von vier Interaktionseffekten statistisch signifikant: die Überzeugung, durch Geldspenden ein gutes Gewissen zu bekommen (belief-2), ist nur dann relevant für die Ausbildung der VE, wenn die Überzeugung individuell hoch zugänglich ist. Der Haupteffekt von belief-2 ist dabei nicht signifikant, sodass dessen Effekt auf die VE vollständig durch die Latenzzeit moderiert wird.

Während belief-3 in keinem Fall einen signifikanten Effekt aufweist, sind bei den beiden restlichen beliefs (belief-1 und belief-4) nur die Haupteffekte signifikant, nicht jedoch die Interaktionseffekte. Das heißt, dass es für diese beliefs ganz im Unterschied zu belief-2 keine Rolle spielt, wie hoch deren individuelle kognitive Zugänglichkeit zum Zeitpunkt der Befragung ist. Diese beiden beliefs scheinen demnach tatsächlich derart „modal salient" zu sein, dass die individuelle Varianz innerhalb der modalen Salienz keine Rolle mehr spielt.

In einem weiteren Fall (belief-2) ist zudem der Haupteffekt der Latenzzeit statistisch signifikant mit $p \leq 0{,}05$. Somit wird der Verhaltenseinstellung zum Geldspenden umso mehr zugestimmt, je kognitiv zugänglicher das belief-2 ist, d.h. je schneller die diesbezügliche Einschätzung in der Survey-Befragung erfolgt.

Die Ergebnisse des belief-Modells dokumentieren, auf welche Weise mit Hilfe von Latenzzeiten ein tieferer Einblick in die Wirkweise einzelner beliefs gewonnen werden kann. So können in der Analyse z.B. beliefs unterschieden werden, von denen die einen interindividuell bedeutsam sind, und die anderen nur bei einer bestimmten Personengruppe signifikant auf die VE wirken, nämlich bei Befragten, bei denen im Moment der Befragung das jeweilige belief hoch zugänglich ist und deshalb die diesbezügliche Beurteilung nur eine kurze Latenzzeit benötigt.

(ad c: die Prädiktion tatsächlichen Verhaltens durch Verhaltensintentionen)
Nachfolgend werden zwei empirische Analysen aus dem in Kapitel I erläuterten Forschungsprojekt vorgestellt, die zeigen sollen, dass sich auch die Antwortlatenzzeiten von Verhaltensintentionen sinnvoll zur substanziellen Erweiterung von Einstellungs-Verhaltens-Modellen einsetzen lassen (vgl. ausführlich Mayerl/Urban 2007; Urban/Mayerl 2007).

Im Zuge der Analyse eines so genannten „Tsunami-Faktors" konnten Mayerl/Urban (2007) empirisch nachweisen, dass die Tsunami-Katastrophe in Südostasien Ende 2004 zu einer Verstärkung des Spendenintentions-Spendenverhaltens-Zusammenhangs führte – und dies in besonderem Maße bei Personen mit hoch zugänglichen Spendenintentionen.

Die Ergebnisse beruhen auf den Daten zweier, zeitlich aufeinander abfolgender Panel-Studien (Studie A und Studie B) mit jeweils zwei Befragungswellen (A1/A2 bzw. B1/B2). In Studie A wurden in der ersten Befragungswelle die Spendenintentionen für Entwicklungs- bzw. Katastrophenhilfe und für soziale Wohltätigkeitsorganisationen abgefragt, und wurde in einer zweiten Welle (in vierwöchigem Abstand) das tatsächliche Spendenverhalten derselben Personen ermittelt (A1-Welle: 1.+2. Dezember-Woche 2004, A2-Welle: 3.+4. Januar-Woche 2005). Zwischen der A1- und A2-Welle ereignete sich die Tsunami-

Katastrophe in Südostasien. Die gleichen Fragen zu Spendenintentionen und tatsächlichem Spendenverhalten wurden danach noch einmal in einer zweiten Panelstudie B gestellt (B1-Welle: 1.-4. Februar-Woche 2005, B2-Welle 1.-4. März-Woche 2005).

In der Datenanalyse wurde ein „Tsunami-Faktor" erwartet, der sich ausschließlich in einer temporär d.h. zeitlich befristet erhöhten Intentions-Verhaltens-Relation äußern sollte. Der Nachweis eines solchen Tsunami-Faktors wurde an zwei Bedingungen geknüpft: Erstens müsste sich ein temporärer Verstärkereffekt nur im Objektbereich der Entwicklungs- und Katastrophenhilfe zeigen, nicht aber im Bereich der sozialen Wohltätigkeit (Bedingung der „Objektspezifität"). Und zweitens sollte die Verstärkung nur in der ersten Erhebungsphase auftreten (zwischen A1- und A2-Welle), nicht aber in der zweiten Erhebungsphase (zwischen B1- und B2- Welle) (Bedingung der „Temporalität").

Mittels logistischer Regressionsschätzungen konnten die Hypothesen bestätigt werden (abh. Variable: faktische Geldspende „ja/nein"). Mit einer weitergehenden Analyse unter Berücksichtigung der Antwortlatenzzeiten von Spendenintentions-Anagben sollte aber zudem auch noch ermittelt werden, ob (erstens) Spendenintentionen mit kurzen Latenzzeiten verhaltensrelevanter sind als Intentionen mit langen Latenzzeiten, und ob (zweitens) der besagte effektverstärkende Tsunami-Faktor insbesondere bei kurzen Latenzzeiten auftritt. Letzteres kann dadurch begründet werden, dass Personen mit hoch zugänglichen Intentionen vor der Katastrophe bereits stärker für das Spendenthema sensibilisiert sind und deshalb durch die Naturkatastrophe auch verstärkt zum tatsächlichen Geldspenden aktiviert werden können.

Die diesbezüglichen Analysen benutzten wiederum einen LZ-Median-Split sowie basisgeschwindigkeitsbereinigte LZ-Messungen mit BG-b als Basisgeschwindigkeitsmaß.

Tabelle 13: Koeffizientenschätzungen von robusten logistischen Regressionsschätzungen im Multigruppendesign (nach Mayerl/Urban 2007: 101)[45]

Prädiktor	1. Erhebungsphase (Panelstudie A)				2. Erhebungsphase (Panelstudie B)			
	Entwicklungs- und Katastrophenhilfe (EK)		Soziale Wohltätigkeit (SW)		Entwicklungs- und Katastrophenhilfe (EK)		Soziale Wohltätigkeit (SW)	
	LZ kurz	LZ lang	LZ kurz	LZ lang	LZ kurz	LZ lang	LZ kurz	LZ lang
VI 1:50-100%; 0:0-49%	19,19 *** (2,95)	2,84 n.s. (1,04)	6,03 * (1,80)	3,52 n.s. (1,26)	6,16 *** (1,82)	3,88 *** (1,36)	7,44 *** (2,01)	2,62 *** (0,96)
Modellgüte	LR=13,56 df=1 p=0,000	LR=1,60 df=1 p=0,205	LR=4,76 df=1 p=0,029	LR=3,60 df=1 p=0,058	LR=83,19 df=1 p=0,000	LR=50,28 df=1 p=0,000	LR=73,49 df=1 p=0,000	LR=19,04 df=1 p=0,000

Y: Geldspende an die entsprechende Hilfsorganisation im Zeitraum zwischen beiden Panel-Wellen (1: ja; 0: nein); LZ: Latenzzeit kurz vs. lang (Median-Split, vgl. Ausführungen im Text). Ausgewiesen werden die Effektkoeffizienten der logistischen Regressionsschätzung (CMLE-Verf.) und die logistischen Regressionskoeffizienten (in Klammern). Die Signifikanzen werden symbolisiert mit: ***=$p \leq 0{,}01$; **=$p \leq 0{,}05$; *=$p<0{,}10$; n.s.=$p>0{,}10$. LR=Testwert des Likelihood Ratio Tests.

In den statistischen Analysen konnten die Annahmen zum Tsunami-Faktor bestätigt werden. Wie der Tabelle 13 zu entnehmen ist, sind die Effektkoeffizienten in beiden Erhebungsphasen bei kurzen Latenzzeiten deutlich höher als bei langen Latenzzeiten, sodass die erste, oben aufgeführte Annahme bestätigt wird: Latenzzeiten von Intentionsangaben wirken als Moderator der Intentions-Verhaltens-Beziehung. Zudem ist leicht ersichtlich, dass die Effekt-Differenz zwischen kurzen und langen Latenzzeiten in der ersten Erhebungsphase *und* im Objektbereich „Entwicklungs- und Katastrophenhilfe" deutlich stärker ist, sodass auch die zweite o.g. Annahme bestätigt wird und damit ein empirischer Nachweis des „Tsunami-Faktors" erzielt werden kann: Insbesondere Personen mit kognitiv hoch zugänglichen Spendenintentionen, die diese bereits *vor* der Naturkatastrophe aufwiesen, werden durch die Katastrophe verstärkt zum tatsächlichen Geldspenden animiert. Die Latenzzeit der Spendenintention kann damit sowohl als Verstärker des Intentions-Verhaltens-Effekts als auch als Moderator des Periodeneffekts einer Naturkatastrophe nachgewiesen werden.

---

[45] Aufgrund der geringen Fallzahlen in der Panelstudie A wurde anstatt des herkömmlichen ML-Verfahrens ein konditionaler robuster Schätzalgorithmus eingesetzt (sog. "conditional maximum likelihood": CMLE). Hierzu wurde die Statistik-Software LogXact (v7) verwendet.

Die Bedeutung der Latenzzeit von Spendenintentions-Angaben kann auch im Kontext der TRA untersucht werden (vgl. zum Folgenden: Urban/Mayerl 2007). Dabei wird in einem TRA-Design überprüft, inwiefern die Latenzzeit der Verhaltensintention einen Einfluss auf die Prädiktoreffekte VE-VI, SN-VI und VI-V ausüben kann (vgl. Abb. 16). In diesem Design wird die Latenzzeit als Indikator des Modus der Informationsverarbeitung interpretiert: kurze Latenzzeiten sollten ein spontanes und lange Latenzzeiten ein überlegtes Prozessieren indizieren.

Zu dem Analysedesign gehört die theoretische Annahme, dass die VI die zentrale Mediatorvariable im TRA-Modell darstellt und eine „Schlüsselstelle" bei der Erklärung von tatsächlichem Verhalten übernimmt. Demnach kann es zu einer Verstärkung der VE-VI- sowie der SN-VI-Effekte bei kurzen Latenzzeiten der VI kommen. Denn spontane Handlungsentscheidungen sollten bei Herausbildung der VI stärker durch einfache Bewertungsheuristiken beeinflusst sein als überlegte Handlungsentscheidungen – und der VE sowie SN werden gerade solche heuristische Funktionen zugesprochen (vgl. ausführlich Urban/Mayerl 2007). Die Verstärkung des VI-V-Effekts bei einer spontanen VI-Äußerung wird hingegen über die bereits oben dargestellte Argumentation begründet (vgl. Abschnitt II.2), nach der die spontane Äußerung einer Optionsbewertung auf eine höhere Zugänglichkeit dieser Kognition verweist (ceteris paribus).

In der statistischen Analyse wurden die Befragten wieder mittels eines Median-Splits der Latenzzeit-Variablen (Residual-Index; BG-b; outlier-bereinigt und interviewervalidiert) in zwei Untergruppen aufgeteilt (mit N_i=448 pro Latenzzeitgruppe). Der Modelltest wurde zudem getrennt für die beiden Spendenbereiche „Entwicklungshilfe" und „soziale Wohltätigkeit" durchgeführt, sodass ein Ergebnisvergleich über zwei Objektbereiche möglich wird.

Die nachfolgenden Abbildungen 16 und 17 (nach Urban/Mayerl 2007) zeigen die signifikanten Effekte ($p \leq 0,05$) getrennt für kurze Latenzzeiten (schwarze Balken) und lange Latenzzeiten (weiße Balken). Es werden die unstandardisierten Strukturkoeffizienten ausgewiesen („n.s.": $p > 0,05$).[46]

---

[46] Aufgrund der Schiefe einiger Indikatorvariablen wurde ein robustes ML-Verfahren mittels der SEM-Software EQS 6.1 angewendet. Die latenten Konstrukte VE und VI wurden als 1-Indikator-Messmodelle spezifiziert und SN als 2-Indikator-Messmodell. Spendenverhalten wurde ursprünglich in Euro erhoben und sechsstufig rekodiert (1 „0 Euro", 2 „1-5 Euro", 3 „6-10 Euro", 4 „11-20 Euro", 5 „21-50 Euro", 6 „mehr als 50 Euro"). Die VI, ursprünglich als Prozentskala erhoben, wurde aufgrund einer besseren Vergleichbarkeit unstandardisierter Koeffizienten ebenfalls rekodiert in eine fünfstufige Skala (1 „0%", 2 „1-25%", 3 „26-50%", 4 „51-80%", 5 „81-100%") (vgl. ausführlich Urban/Mayerl 2007).

Abbildung 16: Koeffizientenschätzung der SEM-Multigruppenanalyse im Bereich Entwicklungshilfe (nach Urban/Mayerl 2007)

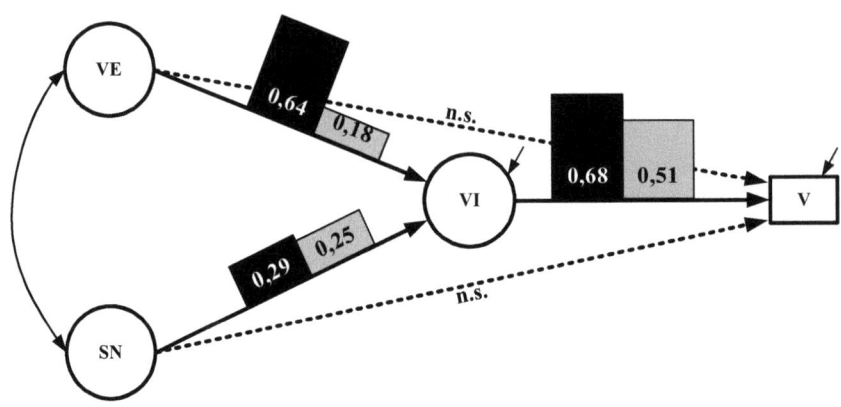

Abbildung 17: Koeffizientenschätzung der SEM-Multigruppenanalyse im Bereich „soziale Wohltätigkeit" (nach Urban/Mayerl 2007)

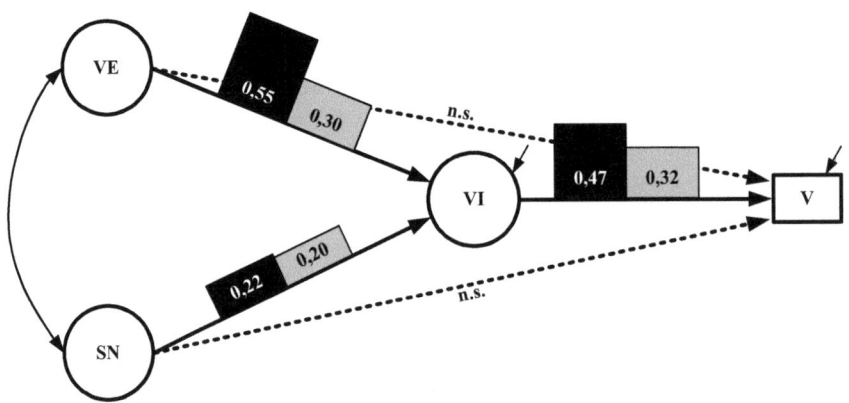

Im Ergebnis bestätigt sich, dass die Latenzzeit der VI in beiden Objektbereichen als ein signifikanter Moderator der VE-VI- sowie VI-V-Beziehung operiert (jeweils $p \leq 0,05$ bei Signifikanz-Differenzentests der Pfadkoeffizienten) (vgl. ausführlich Urban/Mayerl 2007). Hingegen wird der SN-VI-Effekt nicht signifikant durch die Latenzzeit moderiert, sodass für den SN-VI-Effekt substanziell eine andere Wirkweise angenommen werden muss als für den VE-VI-Effekt: während die VE vor allem bei spontanen Entscheidungsprozessen relevant ist, scheint die SN unabhängig vom Modus der Informationsverarbeitung die Entscheidungsprozesse bezüglich Spendentätigkeiten zu beeinflussen.

IV.3 Moderation der temporalen Stabilität von Einstellungen

Wie zuvor aufgezeigt, können LZ-Analysen zur Untersuchung der Prädiktorstärke sozialer Urteile eingesetzt werden. Daneben können Antwortlatenzzeiten aber auch zur Analyse der Stabilität sozialer Urteile benutzt werden. In welcher Weise das geschehen kann, soll in diesem Abschnitt vorgestellt werden. Es wird dabei gezeigt, wie die Stabilität einer Verhaltenseinstellung, nämlich der Einstellung gegenüber einem gesundheitsbewussten Ernährungsverhalten, durch eine Moderatoranalyse unter Verwendung von Latenzzeit-Daten statistisch zu überprüfen ist.

Die im Folgenden zu testende Moderatorhypothese lautet: Je kognitiv zugänglicher eine Einstellung zum Zeitpunkt t1 ist, desto stabiler ist sie (bezüglich eines Zeitintervalls zwischen t1 und t2). Auf operationaler Ebene besagt diese Hypothese: Je schneller ein Respondent ein einstellungsspezifisches Item bewerten kann, desto stabiler ist die damit verbundene, latente Einstellung. Diese Hypothese soll nachfolgend einer empirisch-statistischen Prüfung unterzogen werden.

Vorab sollen jedoch noch das Konzept der „Einstellungsstabilität" und Möglichkeiten zur Interpretation der „Stabilität" von Einstellungen ein wenig ausführlicher erläutert werden.

Es ist intuitiv naheliegend, eine temporale Einstellungsstabilität mit einer Einstellungskonstanz gleichzusetzen. Deshalb wird die Einstellungsstabilität auch häufig als Einstellungspersistenz bezeichnet. Eine wie oben ausformulierte Moderatorhypothese würde in diesem Sinne behaupten, dass Einstellungsangaben bei kurzen Latenzzeiten konstanter sind (d.h. sich weniger stark über die Zeit hinweg verändern) als bei langen Zeiten. Stabilität kann aber auch als eine „lineare Abhängigkeit zwischen zeitversetzten Messungen in einer Befragtengruppe" verstanden werden (Urban/Pfenning 1999: 90; vgl. dazu und zum Folgenden:

Urban 2002). In diesem Falle wird in der Einstellungsforschung untersucht, wie systematisch (bzw. wie „stabil") die Beziehungen zwischen Urteilsmessungen zu unterschiedlichen Zeitpunkten sind. Dann ist die Moderatorhypothese so zu verstehen, dass angenommen wird, dass Einstellungsangaben mit kurzen Antwortlatenzzeiten zum Zeitpunkt t1 eine höhere Kraft zur Prognose von Einstellungen zum Zeitpunkt t2 aufweisen als solche mit langen Antwortlatenzzeiten – was nichts mit einer Konstanz von Einstellungen zu tun hat.

Wenn in einem Statistikmodell die Stabilität zweier Messungen dadurch untersucht werden soll, dass diejenige Einflussstärke geschätzt wird, mit der die t1-Messung die t2-Messung beeinflusst, so wird die Einflussstärke zumeist in Form von Stabilitätskoeffizienten in einem autoregressiven, linearen Kausalmodell geschätzt. Die Stabilitätskoeffizienten in solch einem Modell weisen jedoch ganz besondere Eigenschaften auf:

Haben Stabilitätskoeffizienten positive Werte (also z.B. b=0,75), so indiziert dies eine lineare Abhängigkeit zwischen den Messwerten zeitlich differenter Bebachtungszeitpunkte. Eine solche lineare Abhängigkeit kann sich allerdings aus unterschiedlichen Werte-Relationen ergeben. Sie kann sich sowohl aus einem systematisch-positiven als auch aus einem negativen Wachstum ergeben. Denn auch wenn z.B. bei Einsatz einer 5er-Skala zum zweiten Messzeitpunkt alle Werte um eine Einheit gefallen sind (z.B.: von 3 auf 2, von 2 auf 1, usw.), ergibt sich daraus kein negativer sondern ein positiver Stabilitätskoeffizient. Und ein positiver Stabilitätskoeffizient ist auch dann gegeben, wenn sich die Messwerte über die Zeit hinweg überhaupt nicht verändern (der Koeffizient beträgt dann b=1,00). Denn die Stabilitätskoeffizienten weisen nur negative Werte auf, wenn es zwischen zwei Messzeitunkten gegenläufige Wachstumstrends gibt. Dabei können ursprünglich niedrige Messwerte steigen und ursprünglich hohe Werte fallen (z.B. bei Einsatz einer 5er-Skala: von 1 auf 5 und von 5 auf 1, usw.). Erst wenn es überhaupt keinen linearen Trend bei der Veränderung von Messwerten gibt, und sich die Messwerte gleichermaßen in alle Richtungen verändern, weisen Stabilitätskoeffizienten einen Wert von 0,00 auf. Mithin bedeutet eine perfekt positive „lineare Stabilität", dass es einen einheitlich gerichteten Veränderungsprozess mit einer konstanten Zunahme, Abnahme oder Konstanz von Messwerten zwischen t1 und t2 gibt.

Die im Folgenden verwendeten Daten stammen wieder aus dem eingangs vorgestellten Forschungsprojekt mit einem 2-Wellen-Panel-Design. In einem Abstand von vier Wochen wurde dabei jeweils die Verhaltenseinstellung gegenüber einer gesundheitsbewussten Ernährung mit identischer Frageformulierung erhoben.

Als statistisches Verfahren zur Schätzung von Stabilitätskoeffizienten wird eine autoregressive Strukturgleichungsmodellierung angewendet.[47]

IV.3.1   Modellierung mit aktiven Reaktionszeiten

Zum empirischen Test der oben vorgestellten Moderatorhypothese wird wieder ein Median-Split der Befragtengruppe entlang der Latenzzeitmessung durchgeführt (Residual-Index; BG-b; outlier-bereinigt und interviewervalidiert mit aktiver Zeitmessung; Index aus der Latenzzeit zu beiden VE-Items zum Zeitpunkt t1; pro Gruppe N=516), wodurch zwei Untergruppen entstehen (mit unterdurchschnittlichen und überdurchschnittlichen Latenzzeiten). Die Verhaltenseinstellung wurde zu zwei Zeitpunkten (t1 und t2) mit jeweils zwei Indikatoren erhoben (Item I1: „Ich persönlich finde es sehr gut, mich ausschließlich gesundheitsbewusst zu ernähren"; Item I2: „Im Alltag finde ich es besonders gut, mich immer gesundheitsbewusst zu ernähren"; 5-stufige Rating-Skalen: 1="trifft voll und ganz zu" bis 5="trifft überhaupt nicht zu").

In der nachfolgenden Abbildung 18 wird das autoregressive Strukturgleichungsmodell zum Test der Einstellungsstabilität graphisch dargestellt.

---

[47] Als Schätzmethode wird ein klassisches Maximum-Likelihood-Verfahren verwendet, was dadurch zu begründen ist, dass die Werte der VE-Indikatoren zu beiden Messzeitpunkten annähernd normalverteilt sind (mit Schiefe- und Kurtosis-Werten deutlich kleiner 1,0 in beiden Latenzzeitgruppen).

Abbildung 18: Autoregressives Strukturmodell der Stabilität von VE-Ermährung

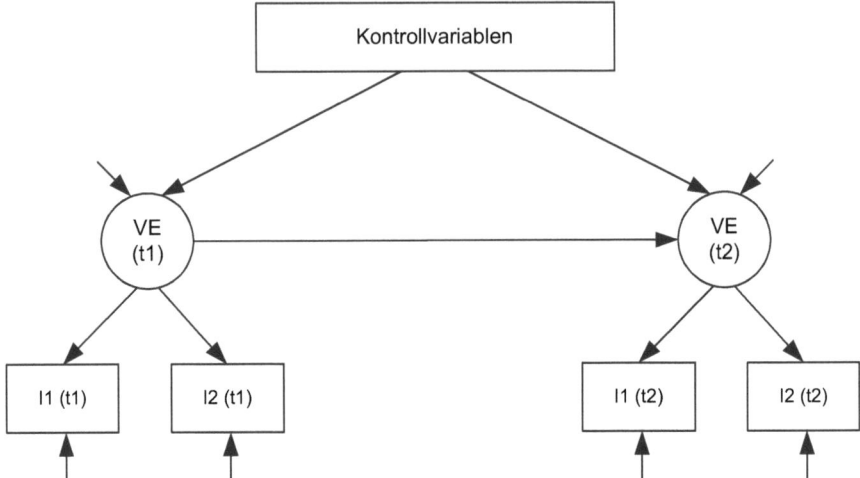

Für die Stabilitätsanalyse werden in einer SEM-Multigruppenanalyse (mit invarianten Messmodellen) die beiden simultan geschätzten Stabilitätskoeffizienten der Verhaltenseinstellung aus der Untergruppe mit kurzen und der Untergruppe mit langen Antwortlatenzzeiten (d.h. aus den Untergruppen mit hoher und niedriger Einstellungszugänglichkeit) miteinander verglichen.

In unserem Beispiel wird das zu schätzende Stabilitätsmodell auch noch um zusätzliche Kontrollvariablen erweitert (vgl. Abb. 18). Mit diesen sollen Störeffekte aus unterschiedlichsten Bereichen der Einstellungsformierung ausgeschaltet werden, so dass die Stabilitätsschätzung nur Resultate liefert, die unabhängig von solchen Effekten sind. Dabei kommen die Kontrollvariablen aus den Bereichen:

1. Soziodemographie: Alter in Jahren; Geschlecht (0:m, 1:w); Schulbildung (zwei Dummies: Abitur und Fachhochschulreife, kein Abschluss und Hauptschule);
2. Response-Set: „Zustimmungstendenz" (Häufigkeit der Angabe „1" auf insgesamt 100 verschiedenen 5er-Rating-Skalen);
3. Gesundheit: Gesundheitszustand (schwere Krankheitserfahrung (0: nein; 1: ja); Ausmaß gegenwärtiger gesundheitsbewusster Ernährung (5er-Rating-Skala mit 1=sehr; 5=überhaupt nicht); Diskussionshäufigkeit über gesund-

heitsbewusste Ernährung in den letzten 12 Monaten (5er-Skala mit 1=sehr häufig; 5=nie).

Für einen Vergleich von Stabilitätskoeffizienten in Kausalmodellen mit latenten Variablen sind invariante Messmodelle besonders wichtig. Invarianz bedeutet im vorliegenden Fall, dass die Messmodelle sowohl in beiden Latenzzeitgruppen identisch sind („Gruppeninvarianz"), als auch zwischen beiden Zeitpunkten nicht variieren („zeitliche Invarianz").

In der nachfolgenden Tabelle 14 werden die Ergebnisse des Multigruppenmodells vorgestellt.

Tabelle 14: Empirische Ergebnisse der SEM-Stabilitätsanalyse mit aktiven LZ-Messwerten

	Antwortlatenzzeit kurz			Antwortlatenzzeit lang		
	b	S.E.	b*	b	S.E.	b*
VE_t1 ➔ VE_t2	0,65 **	0,06	0,68	0,49 **	0,06	0,55
$R^2_{VE\_t2}$	0,60			0,58		
$R^2_{VE\_t1}$	0,45			0,32		
Messmodelle:						
VE_t1 ➔ I1	1,00	---	0,85	1,00	---	0,82
➔ I2	1,03 **	0,03	0,84	0,82 **	0,06	0,68
VE_t2 ➔ I1	1,00	---	0,84	1,00	---	0,79
➔ I2	1,03 **	0,03	0,83	1,03 **	0,03	0,79
Modell-Fit	χ^2=51,823; df=41; p= 0,120; CFI=0,996; RMSEA=0,016 (0,000 – 0,028)					

** $p \leq 0,01$; b=unstandardisierte Koeffizienten; b*=standardisierte Koeffizienten; Kontrollvariablen (vgl. Erläuterungen im Text): Zustimmungstendenz, Alter, Schulbildung (2 Dummies), Geschlecht, Krankheitserfahrung, gesundheitsbewusste Ernährung, Diskussionshäufigkeit

Der Modellschätzung (Tabelle 14) ist zu entnehmen, dass die Schätzwerte der Faktorladungen nahezu identisch sind (bis auf die Ladung des Indikators I2 bei langsamen Latenzzeiten). Somit werden (fast) alle Invarianz-Annahmen bestätigt, und es ist von konstanten Messmodellen auszugehen (zeitliche und gruppenspezifische Invarianz).

Die Werte in der letzten Zeile von Tabelle 14 deuten darauf hin, dass der Modell-Fit sehr gut ist. Inhaltlich zeigt sich hypothesenkonform, dass der unstandardisierte Stabilitätskoeffizient bei kurzen Latenzzeiten merklich höher ist als bei langen Latenzzeiten (0,65 versus 0,49). Diese Differenz ist zudem signifikant mit p ≤ 0,05 (z=-2,032). Die Moderatorhypothese kann folgerichtig bestätigt werden. Demzufolge können Antwortlatenzzeiten dazu eingesetzt werden, um die Stabilität sozialer Urteile zu überprüfen: die Einstellungsstabilität muss deutlich höher sein, wenn soziale Urteile mit schnellen Latenzzeiten geäußert werden.

Zusätzlich kann aber auch noch gefragt werden, ob die Angaben zur Verhaltenseinstellung bei kurzen Antwortlatenzzeiten auch stabiler im Sinne einer erhöhten Einstellungspersistenz sind? Denn die Unterschiede in den Stabilitätskoeffizienten liefern ja diesbezüglich, wie wir oben erläutert haben, keine Information. Sie sagen nichts darüber aus, ob die registrierten Stabilitäten durch eine erhöhte Werte-Konstanz oder ein vorherrschendes positives oder negatives Werte-Wachstum zustande gekommen sind.

Zur Beantwortung dieser Frage wollen wir die dichotome Variable „zeitlich konstantes Urteil bei beiden Indikatoren" betrachten (kurz: „Konstanz"; 1 = „konstant bei beiden Indikatoren"; 0 = „unkonstantes Urteil bei mind. einem VE-Indikator"). Mit dieser Variablen werden Befragte als „konstant" eingestuft, wenn sie bei beiden VE-Indikatoren zu beiden Befragungszeitpunkten auf der 5er-Rating-Skala dieselbe Antwortkategorie gewählt haben.

Im Folgenden interessieren zum einen die empirischen Häufigkeitsverteilungen der Variablen „Konstanz" getrennt für beide Latenzzeitgruppen (Tabelle 15) und zum anderen die Ergebnisse einer logistischen Regression (Tabelle 16) der abhängigen Variablen „Konstanz" auf die unabhängige Variable „Latenzzeit" (dichotom gemessen mittels Median-Split) unter Verwendung derselben Kontrollvariablen wie bei der vorausgegangenen SEM-Schätzung (vgl. Tabelle 14).

Tabelle 15: Häufigkeit konstanter Angaben bei beiden VE-Indikatoren (getrennt nach Latenzzeit-Gruppen)

	Konstanz	Häufigkeit	Prozent
Latenzzeit kurz	ja	163	31,6 %
	nein	353	68,4 %
Latenzzeit lang	ja	118	22,9 %
	nein	398	77,1 %
$\chi^2 = 9,903$; $df = 1$; $p = 0,002$; Cramer-V = 0,1 ($p = 0,002$)			

Hypothesenkonform zeigt sich in Tabelle 15, dass bei kurzen Latenzzeiten deutlich mehr Personen eine konstante Verhaltenseinstellung aufweisen als bei langen Latenzzeiten. Die Prozentsatzdifferenz zwischen beiden Latenzzeitgruppen beträgt 8,7% der untersuchten Befragten und ist statistisch hoch signifikant ($p<0,01$). In diesem Sinne kann also auch tatsächlich von einer höheren Einstellungspersistenz bei kurzen Antwortlatenzzeiten gesprochen werden.

Der nachfolgenden Tabelle 16 können die multivariaten Ergebnisse der logistischen Regression von „Konstanz" auf „Latenzzeit" (Median-Split) unter Berücksichtigung der oben genannten Kontrollvariablen entnommen werden.

Tabelle 16: Ergebnisse der logistischen Regression von „Konstanz" (1/0) auf „LZ" (1/0, aktiv gemessen) unter Verwendung weiterer Kontrollvariablen

	B	S.E.	Exp(B)
Latenzzeit (0: lang; 1: kurz)	0,35 *	0,15	1,42

* $p \leq 0,05$;
Kontrollvariablen (vgl. Erläuterungen im Text vor Tabelle 14): Zustimmungstendenz, Alter, Schulbildung (2 Dummies), Geschlecht, Krankheitserfahrung, gesundheitsbewusste Ernährung, Diskussionshäufigkeit

Der Tabelle 16 ist zu entnehmen, dass die Latenzzeit hypothesenkonform auch nach dem Ergebnis einer multivariaten logistischen Regressionsschätzung einen statistisch signifikanten Einfluss auf die Konstanz der VE-Angaben hat. Demnach verschiebt sich das Wahrscheinlichkeitsverhältnis zwischen Konstanz und Nicht-Konstanz der VE-Angaben um das ca. 1,5-Fache zugunsten einer zeitlichen Konstanz, wenn kurze und nicht lange Latenzzeiten bei den Befragten zu beobachten sind.

Für die höheren Stabilitätskoeffizienten bei kurzen Latenzzeiten in den autoregressiven SEM-Analysen (vgl. Tabelle 14) ist also tatsächlich auch der empirische Befund mitverantwortlich, dass die Ernährungs-Einstellungsfragen zu den Zeitpunkten t1 und t2 bei kurzen Latenzzeiten von mehr Befragten konstant beantwortet wurden als bei langen Latenzzeiten.

IV.3.2 Modellierung mit passiven Reaktionszeiten

Im Folgenden wird die im vorhergehenden Gliederungsabschnitt beschriebene Stabilitätsanalyse, die mit aktiv gemessenen LZ-Daten durchgeführt wurde, unter Verwendung von passiv gemessenen Reaktionszeiten repliziert. Dazu wurde die Basisgeschwindigkeit als arithmetisches Mittel aus den passiven Reaktionszeiten von drei kognitiv aufwändigen Items, die nicht aus den Themenbereichen Spenden und Ernährung stammen (BG-b, vgl. Abschnitt III.2), neu erstellt. Dadurch konnten die passiven Reaktionszeiten der VE-Items, wie auch schon die aktiven Messungen, um die jeweiligen Basisgeschwindigkeiten bereinigt werden (in Form der Berechnung eines Residual-Index) und dadurch in Latenzzeitmaße überführt werden. Zudem wurden auch alle passiv gemessenen Zeiten (wie zuvor bereits die aktiven Zeiten) um Outlier-Werte (mit mehr als zwei Standardabweichungen über oder unter dem jeweiligen arithmetischen Mittel) durch deren Ausschluss bereinigt.[48]

In der nachfolgenden Tabelle 17 werden die Ergebnisse der Stabilitätsanalyse unter Verwendung passiver Latenzzeiten berichtet.

Tabelle 17: Empirische Ergebnisse der SEM-Stabilitätsanalyse mit passiven LZ

		Antwortlatenzzeit kurz			Antwortlatenzzeit lang		
		b	S.E.	b*	b	S.E.	b*
VE_t1 →	VE_t2	0,67 **	0,05	0,69	0,50 **	0,05	0,56
$R^2_{VE\_t2}$		*0,60*			*0,57*		
$R^2_{VE\_t1}$		*0,45*			*0,36*		
Messmodelle:							
VE_t1 →	I1	1,00	---	0,83	1,00	---	0,82
→	I2	1,06 **	0,03	0,85	0,88 **	0,05	0,71
VE_t2 →	I1	1,00	---	0,82	1,00	---	0,79
→	I2	1,06 **	0,03	0,84	1,06 **	0,03	0,81
Modell-Fit		χ^2=45,747; df=41; p= 0,282; CFI=0,999; RMSEA=0,009 (0,000 – 0,022)					

**p ≤ 0,01; b=unstandardisierte Koeffizienten; b*=standardisierte Koeffizienten;
Kontrollvariablen (vgl. Erläuterungen im Text vor Tabelle 14): Zustimmungstendenz, Alter, Schulbildung (2 Dummies), Geschlecht, Krankheitserfahrung, gesundheitsbewusste Ernährung, Diskussionshäufigkeit

---

[48] Die Korrelationen zwischen den rohen Reaktionszeiten und der Basisgeschwindigkeit betragen ähnlich wie bei den aktiven Latenzzeiten ca. r=0,4 (p ≤ 0,05).

Gemäß Tabelle 17 ist auch bei passiven Latenzzeiten der Modell-Fit des Stabilitätsmodells sehr gut. Auch hier sind die unstandardisierten Stabilitätskoeffizienten bei kurzen Latenzzeiten deutlich sowie statistisch signifikant größer als bei langen LZ (0,67 versus 0,50; $p \leq 0{,}05$; $z=-2{,}270$).

Die Ergebnisse dieser Replikation verdeutlichen, dass auch die unaufwändige und kostenneutral durchzuführende passive Reaktionszeit-Messung (als Maß der Einstellungszugänglichkeit) in sinnvoller Weise zur Analyse von Einstellungs-Verhaltens-Beziehungen benutzt werden kann. Denn wie wir am Beispiel der Analyse von Einstellungsstabilitäten aufgezeigt haben, ist der Nachweis des stabilitäts-moderierenden Effekts von Einstellungszugänglichkeiten unabhängig davon zu führen, ob die Einstellungszugänglichkeit auf der Basis einer passiven oder einer aktiven Reaktionszeitmessung berechnet wird.

Dies ist durchaus überraschend, wenn man an die zusätzlichen Störeffekte denkt, die bei passiven Reaktionszeitmessungen eine Rolle spielen können. Dazu zählen beispielsweise die Fragelänge, die Vorlesegeschwindigkeit, die Dauer von Antworteingaben bzw. von Rückfragen und Diskussionen zwischen Befragten und Interviewern u.ä. All diese Störeffekte werden, im Idealfall, bei aktiven Reaktionszeitmessungen durch die Interviewervalidierung bewertet und führen dort zum Ausschluss der verunreinigten Messwerte. Wenn aber, aus welchen Gründen auch immer, eine solche aktive Messung nicht durchzuführen ist, so können auch auf der Basis einer passiven Messung robuste Antwortlatenzzeiten berechnet werden, mit denen zwischen stark und schwach zugänglichen Einstellungen zu unterscheiden ist. Voraussetzung dafür ist allerdings eine gute Basisgeschwindigkeitskontrolle und eine sensible Outlier-Bereinigung.

V Resümee

In der vorliegenden Schrift wurden konkrete Hinweise zur Messung und Analyse von Antwortreaktionszeiten bzw. Latenzzeiten in computergestützten Survey-Studien gegeben.

Unsere Hinweise betrafen sowohl die Erhebung von Antwortreaktionszeiten (z.B.: Interview-Instruktionen, aktive versus passive Zeitmessmethoden, Interviewervalidierungstechniken, CATI-Software-Gestaltung) als auch die Datenbehandlung und -bereinigung von „rohen" Antwortreaktionszeitmessungen (z.B.: Operationalisierung von Basisgeschwindigkeiten, Transformationsverfahren zur Kontrolle individueller Basisgeschwindigkeiten, statistische Identifizierung ungültiger Zeitmessungen).

Grundsätzlich wurde deutlich gemacht, dass „rohe" Antwortreaktionszeitmessungen durch eine Vielzahl an Störfaktoren verzerrt sind, und dass sie deshalb durch unterschiedlichste Verfahren bereinigt werden müssen, wozu auch die Bereinigung der rohen Werte um die individuelle Basisgeschwindigkeit eines jeden Befragten gehört. Letztendlich müssen rohe Reaktionszeiten in bereinigte Latenzzeiten transformiert werden. Denn nur Latenzzeiten können als Indikatoren zur Bestimmung von kognitiven Modi der Informationsverarbeitung beim Antwortverhalten und als Indikatoren der Zugänglichkeit von subjektiven Einstellungen und Urteilen interpretiert werden.

Die in dieser Schrift dokumentierten empirischen Analyse-Ergebnisse verdeutlichen die Nützlichkeit von Antwortreaktionszeitmessungen zur Qualitätskontrolle von Survey-Daten und zur Analyse von Einstellungs-Verhaltens-Beziehungen.

So wurde hier Latenzzeit als Maß des Elaborationsgrads bei der Beantwortung von Survey-Fragen als auch als Maß der kognitiven Zugänglichkeit von Objektbewertungen vorgestellt. Antwortlatenzzeiten können zur Identifikation von Response-Effekten (z.B. von Akquieszenz- und Fragereihenfolge-Effekte), der Prädiktorstärke von Objektbewertungen (hier: von Verhaltenseinstellungen, verhaltensbezogenen beliefs und Verhaltensintentionen) sowie der zeitlichen Stabilität sozialer Urteile (hier: von Verhaltenseinstellungen) eingesetzt werden.

Sie verhelfen dabei nicht nur zu einer höheren statistischen „Erklärungskraft" einstellungstheoretischer Modelle, sondern auch zu einem besseren substanziellen Verständnis der Wirkmechanismen von Kausaleffekten.

Letztlich konnte gezeigt werden, dass Antwortreaktionszeitmessungen leicht und kostengünstig in jedweder Form von computergestützten Interviews einsetzbar sind. Der dadurch zu erreichende Zugewinn an Datenqualität liegt deutlich über den Kosten zusätzlicher Reaktionszeitmessungen. Denn selbst wenn bei der Zeitmessung zu jedem Frage-Item auch Validierungsangaben protokolliert werden (was wir empfehlen), ist der dafür erforderliche Mehraufwand gering.

Auch zeigte sich, dass sogar passive Reaktionszeitmessungen in sinnvoller Weise für Survey-Analysen eingesetzt werden können, sodass selbst wenn die geringen zusätzlichen Kosten von aktiven Reaktionszeitmessungen nicht aufgebracht werden können, nur wenig gegen die Messung und Auswertung von Antwortreaktionszeiten spricht.

Zudem können Antwortreaktionszeitmessungen in Survey-Studien auch zu Kosten- und Zeitersparnissen führen. Wenn z.B. in Omnibus-Umfragen für jede Einstellungsfrage eine zusätzliche Messung von Einstellungsstärke oder Elaborationsgrad gefordert wird, so brauchen solche Messungen nicht durch Erhebung zusätzlicher Indikatoren erfolgen, sondern können durch Antwortreaktionszeitmessungen ausgeführt werden.

Reaktionszeitmessungen sollten daher bei jeder standardisierten, computergestützten telefonischen Bevölkerungsumfrage durchgeführt werden. Vergleichbare Alternativen zu dieser nicht-reaktiven Beobachtung des Antwortverhaltens von Befragten sind im Bereich computergestützter Survey-Befragungen unserer Einschätzung nach nicht vorhanden.

Literaturverzeichnis

Aarts, H. / Dijksterhuis, A. / Midden, C., 1999: To plan or not to plan? Goal achievement or interrupting the performance of mundane behaviors. European Journal of Social Psychology 29(8): 971-979.
Ajzen, I., 2005: Attitudes, personality, and behavior (2. Auflage). Milton-Keynes: Open University Press (McGraw-Hill).
Ajzen, I. / Fishbein, M., 1980: Understanding Attitudes and Predicting Social Behavior. London et al.: Prentice-Hall.
Ajzen, I. / Nichols, A.J. / Driver, B.C., 1995: Identifying Salient Beliefs About Leisure Activities: Frequency of Elicitatiom Versus Response Latency. Journal of Applied Social Psychology 25(16): 1391-7710.
Amelang, M., 1994: Über die Prozesse bei Selbsteinschätzungen: Eine Reaktionszeit-Analyse von State- und Trait-Urteilen. S. 241-257 in: Bartussek, D. / Amelang, M. (Hrsg.), Fortschritte der Differentiellen Psychologie und Psychologischen Diagnostik Hogrefe: Verlag für Psychologie.
Amelang, M. / Müller, J., 2001: Reaktionszeit-Analysen der Beantwortung von Eigenschaftswörtern. Psychologische Beiträge 43(4): 731-750.
Areni, C.S. / Ferrell, M.E. / Wilcox, J.B., 1999: The effects of need for cognition and topic importance on the latency and extremity of responses to attitudinal inquiries. Advances in consumer research 26: 63-68.
Banaji, M.R. / Greenwald, A.G. et al., 1995: Implicit gender stereotyping in judgements of fame. Journal of Personality and Social Psychology 68(2): 181-198.
Bargh, J.A. / Chartrand, T.L., 2000: The Mind in the Middle: A Practical Guide to Priming and Automaticity Research. S. 253-285. In: Reis, H.T. (Hrsg.), Handbook of Research Methods in Social and Personality Psychology Cambridge: Cambridge University Press.
Bassili, J.N., 1993: Response latency versus certainty as indexes of the strength of voting intentions in a CATI survey. Public Opinion Quarterly 57: 54-61.
Bassili, J. N., 1995: Response Latency and the Accessibility of Voting Intentions: What Contributes to Accessibility and How It Affects Vote Choice. Personality and Social Psychology Bulletin 21(7): 686-695.

Bassili, J.N., 1996a: Meta-judgmental versus operative indexes of psychological attributes: The case of measures of attitude strength. Journal of Personality and Social Psychology 71: 637-653.

Bassili, J.N., 1996b: The How and Why of Response Latency Measurement in Telephone Surveys. S. 319-346. In: Schwarz, N. / Sudman, S. (Hrsg.), Answering Questions. Methodology for Determining Cognitive and Communicative Process in Survey Research. San Francisco: Jossey-Bass.

Bassili, J.N., 2000: Editor's Introduction: Reflections on Response Latency Measurement in Telephone Surveys. Political Psychology 21(1): 1-6.

Bassili, J.N., 2003: The minority slowness effect: Subtle inhibitions in the expression of views not shared by others. Journal of Personality and Social Psychology 84(2): 261-276.

Bassili, J.N. / Bors, D.A., 1997: Using response latency to increase lead time in election forecasting. Canadian Journal of Behavioral Science 29(4): 231-238.

Bassili, J.N. / Fletcher, J.F., 1991: Response-time measurement in survey research - A method for CATI and a new look at nonattitudes. Public Opinion Quarterly 55: 331-346.

Bassili, J.N. / Krosnick, J. A., 2000: Do Strength-Related Attitude Properties Determine Susceptibility to Response Effects? New Evidence From Response Latency, Attitude Extremity, and Aggregate Indices. Political Psychology 21(1): 107-132.

Bassili, J.N. / Scott, B.S., 1996: Response latency as a signal to question problems in survey research. Public Opinion Quarterly 60(3): 390-399.

Baxter, B.W. / Hinson, 2001: Is smoking automatic? Demands of smoking behavior on attentional resources. Journal of Abnormal Psychology 110(1): 59-66.

Boninger, D.S. / Berent, M.K. / Krosnick, J.A., 1995: Origins of Attitude Importance – Self-Interest, Social Identification, and Value Relevance. Journal of Personality and Psychology 68(1) 61-80.

Brömer, P., 1999: Informationsverarbeitung bei ambivalenten Einstellungen. Regensburg: Roderer.

Carlston, D.E. / Skowronski, J.J., 1986: Trait Memory and Behavior Memory: The Effects of Alternative Pathways on Impression Judgment Response Times. Journal of Personality and Social Psychology 50(1): 5-13.

Casey, M.M. / Tryon, W.W., 2001: Validating a double-press method for computer administration of personality inventory items. Psychological Assessment 13(4): 521-530.

Chaiken, S. / Trope, Y., 1999: Dual process theories in social psychology New York/London: Guilford Press.

Chen, S. / Chaiken, S., 1999: The Heuristic-Systematic Model in ist Broader Context. S. 73-96. In: Chaiken, S. / Trope, Y. (Hrsg.), Dual process theories in social psychology. New York/London: Guilford Press.

Christensen, H., 2001: What cognitive changes can be expected with normal ageing? Australian & New Zealand Journal of Psychiatry 35(6): 768-775.

Converse, P.E., 1964: The Nature of Belief Systems in Mass Publics. S. 206-261 in: Apter, D.E. (Hrsg.), Ideology and Discontent London: Free Press of Glencoe.

Dehue, F.M.J. / McClintock, C.G. / Liebrand, W.B.G., 1993: Social value related response latencies - unobtrusive evidence for individual differences in information processing. European Journal of Social Psychology 23(3): 273-293.

Devine, P.G. / Plant, E.A. / Amodio, D.M. / Harmon-Jones, E. / Vance, S.L., 2002: The regulation of explicit and implicit race bias: The role of motivations to respond without prejudice. Journal of Personality and Social Psychology 82(5): 835-848.

Diederich, A., 2003: Decision making under conflict: Decision time as a measure of conflict strength. Psychonomic Bulletin & Review 10(1): 167-176.

Dogson, P.G. / Wood, J.V., 1998: Self-esteem and the cognitive accessibility of strengths and weaknesses after failure. Journal of Personality and Social Psychology 75(1): 178-197.

Doll, J. / Ajzen, I., 1992: Accessibility and stability of predictors in the theory of planned behavior. Journal of Personality and Social Psychology 63: 754-756.

Eagly, A.H. / Chaiken, S., 1993: The Psychology of Attitudes. Fort Worth: Harcourt Brace Jovanovich.

Eichstädt, J., 2002: Das Internet als Medium zur verzerrungsfreien Erfassung von Reaktionszeiten im Rahmen web-basierten Experimentierens. Zeitschrift für Medienpsychologie 14(2): 80-83.

Fabrigar, L.R. / Priester, J.R. / Petty, R.E. / Wegener, D.T., 1998: The impact of attitude accessibility on elaboration of persuasive messages. Personality and Social Psychology Bulletin 24(4): 339-352.

Faust, M.E. / Balota, D.A. / Spieler, D.H. / Ferraro, F.R., 1999: Individual Differences in Information-Processing Rate and Amount: Implications for Group Differences in Response Latency. Psychological Bulletin 125(6): 777-799.

Fazio, R.H., 1986: How do attitudes guide behavior? S. 204-243. In: Sorrentino, R. M. / Higgins, E. T. (Hrsg.), The handbook of motivation and cognition: Foundation of social behavior. New York: Guilford Press.

Fazio, R.H., 1989: On the Power and Functionality of Attitudes: The Role of Attitude Accessibility. S. 153-179. In: Pratkanis, A. R. / Breckler, S. J. / Greenwald, A. G. (Hrsg.), Attitude, Structure and Function. Hillsdale/New Jersey et al.: Erlbaum.

Fazio, R.H., 1990a: Multiple Processes by which Attitudes guide Behavior: the MODE Model as an integrative framework. Advances in experimental social psychology 23: 75-109.

Fazio, R.H., 1990b: A Practical Guide to the Use of Response Latency in Social Psychological Research. S. 74-97 in: Hendrick, C. / Clark, M.S. (Hrsg.), Research methods in personality and social research. Newbury: Sage.

Fazio, R. H., 1995: Attitudes as object-evaluation associations: Determinants, consequences, and correlates of attitude accessibility. S. 247-282. In: Petty, R. E. / Krosnick, J. A. (Hrsg.), Attitude strength: Antecedents and consequences. Hillsdale, NJ: Erlbaum.

Fazio, R.H. / Chen, J.-M. / McDonel, E.C. / Sherman, S.J., 1982: Attitude Accessibility, Attitude-Behavior Consistency, and the Strength of the Object-Evaluation Association. Journal of Experimental Social Psychology 18: 339-357.

Fazio, R.H. / Dunton, B.C., 1997: Categorization by Race: The Impact of Automatic and Controlled Components of Racial Prejudice. Journal of Experimental Social Psychology 33: 451-470.

Fazio, R.H. / Herr, P.M. / Olney, T.J., 1984: Attitude Accessibility Following a Self-Perception Process. Journal of Personality and Social Psychology 47(2): 277-286.

Fazio, R.H. / Powell, M.C., 1997: On the value of knowing one's likes and dislikes: Attitude accessibility, stress, and health in college. Psychological Science 8(6): 430-436.

Fazio, R.H. / Powell, M.C. / Williams, C.J., 1989: The Role of Attitude Accessibility in the Attitude-to-Behavior Process. Journal of Consumer Research 16: 280-288.

Fazio, R.H. / Williams, C.J., 1986: Attitude Accessibility as a Moderator of the Attitude-Perception and Attitude Behavior Relations: An Investigation of the 1984 Presidential Election. Journal of Personality and Social Psychology 51(3): 505-514.

Feinstein, J.L., 2000: Comparing response latency and self-report methods for estimating levels of certainty in knowledge elicitation for rule-based expert systems. Expert Systems 17(5): 217-225.

Fekken, G.C. / Holden, R.R., 1994: The construct-validity of differential response latencies in structured personality tests. Canadian Journal of Behavioral Science 26(1): 104-120.

Fisher, D.L. / Glaser, R.A., 1996: Molar and latent models of cognitive slowing: Implications for aging, dementia, depression, development, and intelligence. Psychonomic Bulletin & Review 3(4): 458-480.

Fletcher, J.F., 2000: Two-Timing: Politics and Response Latencies in a Bilingual Survey. Political Psychology 21(1): 27-55.
Freedman, S.A. / Lips, H.M., 1996: A Response Latency Investigation of the Gender Schema. Journal of Social Behavior and Personality 11(5): 41-53.
Gibbons, H. / Rammsayer, T., 1999: Auswirkungen der Vertrautheit mit einer Reizdimension auf Entscheidungsprozesse: Der modulierende Einfluss kontrollierter vs. automatischer Informationsverar-beitung. S. 159-164 in: Wachsmuth, I. / Jung, B. (Hrsg.), KogWis99, Proceedings der 4. Fachtagung der Gesellschaft für Kognitionswissenschaft / Bielefeld / St.Augustin.
Gordon, R.A. / Anderson, K.S., 1995: Perceptions of Race-Stereotypic and Race-Nonstereotypic Crimes: The Impact of Response-Time Instructions on Attributions and Judgments. Basic and Applied Social Psychology 16(4): 455-470.
Goschke, T. / Kuhl, J., 1993: Representation of Intensions: Persisting Activation in Memory. Journal of Experimental Psychology - Learning, Memory, and Cognition 19(5): 1211-1226.
Grant, J.T. / Mockabee, S.T. / Monson, Q., 2000: The Accessibility of Party Identification During a Political Campaign Season. Forschungsbericht, Department of Political Science, Ohio State University.
Greenwald, A.G. / Banaji, M.R. / Rudman, L.A. et al., 2002: A Unified Theory of Implicit Attitudes, Stereotypes, Self-Esteem, and Self-Concept. Psychological Review 109(1): 3-25.
Greenwald, A.G. / Farnham, 2000: Using the implicit association test to measure self-esteem and self-concept. Journal of Personality and Social Psychology 79(6): 1022-1038.
Greenwald, A.G. / Mc Ghee / Schwartz, 1998: Measuring individual differences in implicit cognition: the implicit association test. Journal of Personality and Social Psychology 74(6): 1464-1480.
Heerwegh, D., 2003: Explaining response latencies and changing answers using client-side paradata from a web survey. Social Science Computer Review 21(3): 360-373.
Hertel, G. / Bless, H., 2000: "On-line" und erinnerungsgestützte Urteilsbildung: Auslösefaktoren und empirische Unterscheidungsmöglichkeiten. Psychologische Rundschau 51(1): 19-28.
Hertel, G. / Neuhof, J. / Theuer, T. / Kerr, N.L., 2000: Mood effects on cooperation in small groups: Does positive mood simply lead to more cooperation? Cognition & emotion 14(4): 441-472.
Holden, R.R. / Hibbs, N., 1995: Incremental validity of response latencies for detecting fakers on a personality test. Journal of Research in Personality 29(3): 362-372.

Holden, R. / Woermke, C. / Fekken, G.C., 1993: Enhancing construct validity of Differential Response Latencies for Personality Test Items. Canadian Journal of Behavioral Science 25(1): 1-11.

Houlihan, M. / Campbell, K. / Stelmack, R.M., 1994: Reaction Time and Movement Time as Measures of Stimulus Evaluation and Response Processes. Intelligence 18: 289-307.

Houston, D.A. / Fazio, R.H., 1989: Biased processing as a function of attitude accessibility: Making objective judgments subjectively. Social Cognition 7(1): 51-66.

Huckfeldt, R. / Levine, J. / Morgan, W. / Sprague, J., 1998: Election campaigns, social communication, and the accessibility of perceived discussant preference. Political Behavior 20(4): 263-294.

Huckfeldt, R. / Levine, J. / Morgan, W. / Sprague, J., 1999: Accessibility and the political utility of partisan and ideological orientations. American Journal of Political Science 43(3): 888-911.

Huckfeldt, R. / Sprague, J., 2000: Political Consequences of Inconsistency: The Accessibility and Stability of Abortion Attitudes. Political Psychology 21(1): 57-79.

Huckfeldt, R. / Sprague, J. / Levine, J., 2000: The dynamics of collective deliberation in the 1996 election: campaign effects on accessibility, certainty, and accuracy. American political science review 94(3): 641-652.

Hüfken, V. / Schäfer, A., 2003: Zum Einfluss stimmlicher Merkmale und Überzeugungsstrategien der Interviewer auf die Teilnahme in Telefonumfragen. Kölner Zeitschrift für Soziologie und Sozialpsychologie 55 (2): 321-339.

Hunt, E.B. / Davidson, J. / Lansman, M., 1981: Individual differences in longterm memory access. Memory & Cognition 9(6): 599-608.

Johnson, M., 2004: Timepieces: Components of Survey Question Response Latencies. Political Psychology 25(5): 679-702.

Johnson, M. / Shively, W.P./ Stein, R.M., 2002: Contextual Data and the Study of Elections and Voting Behavior: Connecting Individuals to Environment. Electoral Studies 21 (2): 219-233.

Kail, R. / Salthouse, T.A., 1994: Processing speed as a mental capacity. Acta Psychologica 86: 199-225.

Klauer, K. C. / Musch, J., 1999: Eine Normierung unterschiedlicher Aspekte der evaluativen Bewertung von 92 Substantiven. Zeitschrift für Sozialpsychologie 30: 1-11.

Knowles, E.S. / Condon, C.A., 1999: Why people say "yes": A dual-process theory of acquiescence. Journal of Personality and Social Psychology 77(2): 379-386.

Kokkinaki, F. / Lunt, P., 1999: The effect of advertising message involvement on brand attitude accessibility. Journal of Economic Psychology 20(1): 41-51.
Kohler, A. / Schneider, J.F., 1995: Einfluß der Kenntnis der Gruppennorm auf die Beantwortungszeit von Persönlichkeitsfragebogen-Items. Arbeiten der Fachrichtung Psychologie, Universität des Saarlandes, Nr. 179.
Kreuter, F., 2002: Kriminalitätsfurcht: Messung und methodische Probleme - Methodische Aspekte kriminologischer Forschung, Band 1 Opladen: Leske+Budrich.
Krosnick, J. A., 1988: The role of attitude importance in social evaluation: A study of policy preferences, presidental candidate evaluations, and voting behavior. Journal of Personality and Social Psychology 55(2): 196-210.
Krosnick, J. A. / Abelson, R. P., 1991: The case for measuring attitude strength in surveys. S. 177-203. In: Tanur, J. (Hrsg.), Questions about survey questions. New York: Russell-Sage.
Krosnick, J. A. / Boninger, D. S. / Chuang, Y. C. / Berent, M. K. / Carnot, C. G., 1993: Attitude strength: One construct or many related constructs? Journal of Personality and Social Psychology 65: 1132–1151.
Krosnick, J.A. / Petty, R.E., 1995: Attitude Strength: An Overview. S. 1-24. In: Petty, R. E. / Krosnick, J.A. (Hrsg.), Attitude strength: Antecedents and consequences. Hillsdale: Lawrence Erlbaum.
Krosnick, J.A. et al., 2002: The impact of "no opinion" response options on data quality: Non-attitude reduction or an invitation to satisfice? Public Opinion Quarterly 66(3): 371-403.
Lavine, H. / Borgida, E. / Sullivan, J.L., 2000: On the relationship between attitude involvement and attitude accessibility: Toward a cognitive-motivational model of political information processing. Political Psychology 21(1): 81-106.
Luce, R.D., 1986: Response times: Their role in inferring elementary mental organization. New York: Oxford University Press.
Lüer, G. / Felsmann, M, 1997: Zeitmessungen mit dem Computer im psychologischen Experiment. S.259-279 in: Albert, D. / Gundlach, H. (Hrsg.), Apparative Psychologie: Geschichtliche Entwicklung und gegenwärtige Bedeutung. Lengerich/Berlin et al.: Pabst.
Maier, M., 1999: Subliminales Priming frühkindlicher Bindungserfahrungen und Bindungsrepräsentationen im jungen Erwachsenenalter: Experimentelle Überprüfung eines Kontinuitätsmodells. Regensburg.
Maier, M.-A. / Berner, M.-P. / Pekrun, R., 2003: Directionality of affective priming: Effects of trait anxiety and activation level. Experimental Psychology 50(2): 116-123.

Maio, G.R. / Olson, J.M., 1995: The effect of attitude dissimulation on attitude accessibility. Social Cognition 13(2): 127-144.
Mattes, S. / Ulrich, R. / Miller, J., 2002: Response force in RT tasks: Isolating effects of stimulus probability and response probability. Visual Cognition 9: 477-501.
Mayerl, J., 2003: Können Nonattitudes durch die Messung von Antwortreaktionszeiten ermittelt werden? Eine empirische Analyse comuptergestützter Telefoninterviews. Schriftenreihe des Instituts für Sozialwissen-schaften (SISS) Nr. 2/2003: Stuttgart.
Mayerl, J., 2005: Controlling the Baseline Speed of Respondents: An Empirical Evaluation of Data Treatment Methods of Response Latencies. In: van Dijkum, C. / Blasius, J. / van Hilton, B. (Hrsg.): Recent Developments and Applications in Social Research Methodology. Proceedings of the Sixth International Conference on Logic and Methodology (2. Auflage). Leverkusen-Opladen: Barbara Budrich.
Mayerl, J. / Sellke, P. / Urban, D., 2005: Analyzing cognitive processes in CATI-Surveys with response latencies: An empirical evaluation of the consequences of using different baseline speed measures. Schriftenreihe des Instituts für Sozialwissenschaften der Universität Stuttgart, SISS No. 2/2005.
Mayerl, J. / Urban, D., 2007: Der Tsunami-Faktor: Die Naturkatastrophe als temporärer Verstärker der Beziehung zwischen Spendenabsicht und Spendenverhalten. Soziale Probleme 1/2007: 90-108.
Moore, S.-C. / Oaksford, M., 2002: Some long-term effects of emotion on cognition. British Journal of Psychology 93(3): 383-395.
Moskowitz, G.B. / Gollwitzer, P.M. / Wasel, W. / Schaal, B., 1999: Preconscious control of stereotype activation through chronic egalitarian goals. Journal of Personality and Social Psychology 77(1): 167-184.
Mulligan, K. / Grant, J.T. / Mockabee, S.T. / Monson, J.Q., 2003: Response latency methodology for survey research : Measurement and modeling strategies. Political Analysis 11(3): 289-301.
Neubauer, A.-C. / Spinath, F.-M. / Riemann, R. / Angleitner, A. / Borkenau, P., 2000: Genetic and environmental influences on two measures of speed of information processing and their relation to psychometric intelligence: Evidence from the German Observational Study of Adult Twins. Intelligence 28(4): 267-289.
Naumann, J. / Richter, T., 2000: Response times in attitudinal items as indicators of the continuous accessibility of knowledge related to attitudes. Psychological Reports 87(2): 355-366.

Neumann, R. / Seibt, B., 2001: The structure of prejudice: associative strength as a determinant of stereotype endorsement. European Journal of Social Psychology 31(6): 609-620.
Nikolic, D. / Gronlund, S.-D., 2002: A tandem random walk model of the SAT paradigm: Response times and accumulation of evidence. British Journal of Mathematical and Statistical Psychology 55: 263-288.
Pachella, R.G., 1974: The interpretation of reaction time in information-processing research. S. 41-82 in: Kantowitz, B.H. (Hrsg.), Human information processing: Tutorials in performance and cognition. Hillsdale: Erlbaum.
Page, C. / Herr, P.M., 2002: An investigation of the processes by which product design and brand strength interact to determine initial affect and quality judgments. Journal of Consumer Psychology 12(2): 133-147.
Petty, R.E. / Cacioppo, J.T., 1986: The Elaboration Likelihood Model of Persuasion. Advances in Experimental Social Psychology 19: 123ff.
Prislin, R., 1996: Attitude stability and attitude strength: One is enough to make it stable. European Journal of Psychology 26(3): 447-477.
Prüfer, P. / Rexroth, M., 1996: Verfahren zur Evaluation von Survey-Fragen: ein Überblick. ZUMA-Nachrichten 39: 95-115.
Rammsayer, T., 1999: Zum Zeitverhalten beim computergestützten adaptiven Testen: Antwortlatenzen bei richtigen und falschen Lösungen. Diagnostica 45(4): 178-183.
Ratcliff, R., 1993: Methods for dealing with reaction time outliers. Psychological Bulletin 114(3): 510-532.
Ruder, M., 2001: Die Nutzung der Verfügbarkeitsheuristik - eine Frage der Stimmung? Studienreihe Psychologische Forschungsergebnisse, Band 79 Hamburg: Kovac.
Schuman, H. / Presser, S., 1980: Public Opinion and Public Ignorance: The Fine Line between Attitudes and Nonattitudes. American Journal of Sociology 85(5): 1214-1225.
Schwarz, N. / Strack, F., 1999: Reports of subjective well-being: Judgemental processes and their methodological implications. S. 61-84, in: Kahnemann, D. / Diener, E. / Schwarz, N. (Hrsg.), Well-being: The foundations of hedonic psychology. New York: Russell-Sage
Schweizer, K. / Koch, W., 2002: Eine Reanalyse des Beitrags perzeptueller und kognitiver Prozesse zur Intelligenz. Zeitschrift für Differentielle und Diagnostische Psychologie 23(3): 247-260.
Semmens, N., 2001: The relationship between accuracy and confidence in survey-based research: findings from a pilot study on the fear of crime. International Journal of Social Research Methodology: Theory and Practice 7-9(4;3): 173-182.

Sheppard, L.C. / Teasdale, J.D., 2000: Dysfunctional thinking in major depressive disorder: A deficit in metacognitive monitoring? Journal of Abnormal Psychology 109(4): 768-776.
Shrum, L.J. / O'Guinn, T.C., 1993: Processes and Effects in the Construction of Social Reality. Construct Accessibility as an Explanatory Variable. Communication Research 20(3): 436-471.
Smith, E.E., 1968: Choice reaction time: An analysis of major theoretical positions. Psychological Bulletin 69(2): 77-110.
Smith, E. R. / Fazio, R. H. / Cejka, M. A., 1996: Accessible attitudes influence categorization of multiply categorizable objects. Journal of Personality and Social Psychology 71(3): 888-898.
Smith, E. R. / Lerner, M., 1986: Development of automatism of social judgments. Journal of Personality and Social Psychology 50(2): 246-259.
Stein, R.M. / Johnson, M., 2001: Who Will Vote? The Accessibility of Intention to Vote and Validated Behavior at the Ballot Box. Paper for presentation at the 2001 Annual Meeting of the American Political Science Association.
Stocké, V., 2002a: Framing und Rationalität. Die Bedeutung der Informationsdarstellung für das Entscheidungsverhalten. München: Oldenbourg.
Stocké, V., 2002b: Soziale Erwünschtheit bei der Erfassung von Einstellungen gegenüber Ausländern. Theoretische Prognosen und deren empirische Überprüfung. Arbeitsbericht Sonderforschungsbereich 504, Universität Mannheim 02-09.
Stocké, V., 2002c: Die Vorhersage von Fragenreihenfolgeeffekten durch Antwortlatenzen: Eine Validierungsstudie. ZUMA-Nachrichten 50.
Stocké, V., 2003: Informationsverfügbarkeit und Response-Effects: die Prognose von Einflüssen unterschiedlich kategorisierter Antwortskalen durch Antwortsicherheiten und Antwortlatenzen. ZA-Information 52: 6-36.
Stocké, V., 2006: Attitudes toward Surveys, Attitude Accessibility and the Effect on Respondents' Susceptibility to Nonresponse. Quality & Quantity 40: 259-288.
Strack, F. / Martin, L.L., 1987: Thinking, Judging, and Communicating: A Process Account of Context Effects in Attitude Surveys. S.123-148 in: Hippler, H.-J. /Schwarz, N. / Sudman, S. (Hrsg.), Context Effects in Social and Psychological Reaearch. New York et al.: Springer.
Stricker, L.J. / Alderton, D.L., 1999: Using response latency measures for a biographical inventory. Military Psychology 11(2): 169-188.
Sudman, S. / Bradburn, N.M. / Schwarz, N., 1996: Methods for determining cognitive processes and questionnaire problems. S. 15-54 in: Sudman, S. / Bradburn, N.M. / Schwarz, N. (Hrsg.), Thinking about answers. San Francisco: Jossey-Bass

Tourangeau, R., 1992: Context Effects on Responses to Attitude Questions: Attitudes as Memory Structures. S. 35-47 in: Hippler, H.-J. / Schwarz, N. / Sudman, S. (Hrsg.), Context Effects in Social and Psychological Reaearch. New York et al.: Springer.

Tourangeau, R. / Rasinski, K.A. 1988: Cognitive Processes Underlying Context Effects in Attitude Measurement, Psychological Bulletin, 103 (3): 299-314

Tourangeau, R. / Rasinski, K.A. / Bradburn, N. / D'Andrade, R., 1989: Carry-over Effects in Attitude Surveys. Public Opinion Quarterly 53: 495-524.

Tormala, Z.L. / Petty, R.E., 2001: On-line versus memory-based processing: The role of "need to evaluate" in person perception. Personality and Social Psychology Bulletin 27(12): 1599-1612.

Urban, D., 2002: Prozessanalyse im Strukturgleichungsmodell. Zur Anwendung latenter Wachstumsmodelle in der Sozialforschung. ZA-Information Nr. 51.

Urban, D. / Mayerl, J., 2006: Regressionsanalyse: Theorie, Technik und Anwendung (2. Auflage). Wiesbaden: VS Verlag.

Urban, D. / Mayerl, J., 2007: Antwortlatenzzeiten in der survey-basierten Verhaltensforschung. Kölner Zeitschrift für Soziologie und Sozialpsychologie 59(4): 692-713.

Urban, D. / Mayerl, J. / Sellke, P., 2007: Abschlussbericht zum DFG-Projekt „Antwortreaktionszeitmessungen in der Surveyforschung und die kognitive Analyse von Einstellungen und Prozessen der Informationsverarbeitung". Universität Stuttgart, Institut für Sozialwissenschaften; unveröffentlichtes Manuskript.

Urban, D. / Pfenning, U., 1999: Technikfurcht und Technikhoffnung. Die Struktur und Dynamik von Einstellungen zur Gentechnik. Stuttgart: Grauer.

Urban, D. / Schuhmacher, J. / Slaby, M., 1999: Entwicklung kognitiver Modelle der Informationsverarbeitung zur empirischen Analyse von Einstellungen/ Risikoperzeptionen gegenüber Anwendungen der modernen Gentechnik. Abschlußbericht des DFG-Projektes. Universität Stuttgart, Institut für Sozialwissenschaften; unveröffentlichtes Manuskript.

Urban, D. / Slaby, M., 2002: Subjektive Technikbewertung. Was leisten kognitive Einstellungsmodelle zur Analyse von Technikbewertungen - dargestellt an Beispielen aus der Gentechnik. Stuttgart: Lucius & Lucius.

van der Pligt, J. / Vries, N.K. de / Manstead, A.S.R. et al., 2000: The Importance of Beeing Selective: Weighing the Role of Attribute Importance in Attitudinal Judgement. In: Zanna, M.P (Hrsg.).: Advances in experimental social psychology, Vol.32. New York: Academic Press

Vasilopoulos, N.L. / Reilly, R.R. / Leaman, J.A., 2000: The influence of job familiarity and impression management on self-report measure scale scores and response latencies. Journal of Applied Psychology 85(1): 50-64.

Verplanken, B. / Hofstee, G. / Janssen, H.J.W., 1998: Accessibility of effective versus cognitive components of attitudes. European Journal of Social Psychology 28(1): 23-35.

Visser, P. S. / Bizer, G. Y. / Krosnick, J. A., 2006: Exploring the latent structure of strength-related attitude attributes. In M. Zanna (Hrsg.), Advances in Experimental Social Psychology 38: 1-68.

Wagner-Menghin, M. M., 2002: Towards the identification of non-scalable personality questionnaire respondents: Taking response time into account. Psychologische Beiträge 44(1): 62-77.

Wasel, W. / Gollwitzer, P.M., 1997: Willful control of "automatic" stereotype activation: The role of subliminally vs. supraliminally presented stimuli. Sprache & Kognition 16(3-4): 198-210.

MIX
Papier aus verantwortungsvollen Quellen
Paper from responsible sources
FSC® C105338

If you have any concerns about our products,
you can contact us on
ProductSafety@springernature.com

In case Publisher is established outside the EU,
the EU authorized representative is:
**Springer Nature Customer Service Center GmbH
Europaplatz 3, 69115 Heidelberg, Germany**

Printed by Libri Plureos GmbH
in Hamburg, Germany